*O Amor Incondicional
das Almas Gêmeas*

Michael

O Amor Incondicional das Almas Gêmeas

Tradução
ZILDA HUTCHINSON SCHILD SILVA

EDITORA PENSAMENTO
São Paulo

Título do original: *Soulmates*.

Copyright © 1999 Russ Michael.

Todos os direitos reservados. Nenhuma parte deste livro pode ser reproduzida ou usada de qualquer forma ou por qualquer meio, eletrônico ou mecânico, inclusive fotocópias, gravações ou sistema de armazenamento em banco de dados, sem permissão por escrito, exceto nos casos de trechos curtos citados em resenhas críticas ou artigos de revistas.

O primeiro número à esquerda indica a edição, ou reedição, desta obra. A primeira dezena
à direita indica o ano em que esta edição, ou reedição, foi publicada.

Edição	Ano
2-3-4-5-6-7-8-9	02-03-04-05-06-07

Direitos de tradução para a língua portuguesa
adquiridos com exclusividade pela
EDITORA PENSAMENTO-CULTRIX LTDA.
Rua Dr. Mário Vicente, 368 — 04270-000 — São Paulo, SP
Fone: 272-1399 — Fax: 272-4770
E-mail: pensamento@cultrix.com.br
http://www.pensamento-cultrix.com.br
que se reserva a propriedade literária desta tradução.

Impresso em nossas oficinas gráficas.

Sumário

Introdução do Sr. Alma Gêmea	9
1. O universo de vibração	13
2. Almas gêmeas são companheiras de vibração	16
3. O fluxo universal da vida	18
4. Tudo é possível	22
5. Todos os pensamentos e sentimentos são acessíveis a você	26
6. Use o contraste para incendiar seus desejos	29
7. Oferta e procura de almas gêmeas	34
8. Almas gêmeas e companheiros de vibração	37
9. Almas gêmeas e a lei da atração	42
10. Os pensamentos que dominam a sua mente	47
11. Seja específico quanto ao que quer	52
12. Descubra seus padrões de resistência	56
13. Aja menos, visualize mais	59
14. Eu quero *versus* eu não quero	63
15. Seja um companheiro de vibração para a sua alma gêmea	67
16. Preste atenção ao que você pensa	70
17. Observe o que você diz	73
18. Analise o que você sente	76
19. Desejo por uma alma gêmea *versus* resistência a uma alma gêmea	79
20. Sinta a vibração da sua alma gêmea	82

21. Almas gêmeas são o reflexo uma da outra 85
22. Estabeleça o seu tom 88
23. Aqueça-se com pensamentos sobre a alma gêmea 91
24. Medite sobre a sua alma gêmea 93
25. Alinhe o seu fluxo de energia 96
26. Fantasie com a sua alma gêmea 99
27. Goste de quem e do que você é 101
28. Aja com clareza 104
29. Invoque e aceite 107
30. A NEGATIVA age contra as almas gêmeas 110
31. A AFIRMATIVA age em favor de almas gêmeas 112
32. Seu desafio emocional ou sistema de orientação 114
33. O amor incondicional das almas gêmeas 118
34. Você não pode sentir amor e preocupação ao mesmo tempo 120
35. Chamado deliberado da alma gêmea 123
36. Motivação da alma gêmea *versus* inspiração da alma gêmea 125
37. O foco de 17 segundos 127
38. Como encontrar o Sr. Certo ou a Sra. Certa 130
39. Transforme a sua nota num som de alegria 132
40. O que é bom 135
41. Fortaleça-se! 138
42. Deixe que o universo orquestre o seu contato com a
    alma gêmea 141
43. A idade da alma gêmea 143
44. O próximo passo lógico — uma alma gêmea
    parece tão familiar 146
Apêndice 149
Bibliografia 151

Dedicatória

Dedicado a todas as almas gêmeas
em todo o mundo...
Para aquelas que estão juntas agora e
para aquelas que em breve estarão...
Que assim seja!

♥

Introdução do
Sr. Alma Gêmea

A HISTÓRIA da alma gêmea. Em 1971, a expressão "alma gêmea" não era conhecida, nem a mente da grande maioria das pessoas a concebia. Em 1971, meu livro, *best-seller* durante muito tempo, *Como Encontrar Sua Alma Gêmea** "apadrinhou", introduziu a idéia, o conceito ou o fato real de que todos nós, que vivemos na forma humana, temos "pessoas especiais" para nós ou almas gêmeas.

Minhas palestras, seminários, *workshops* e mais de 500 aparições em noticiários ou programas de entrevistas na TV ou no rádio aos poucos transformaram "alma gêmea" em um termo da mídia e da vida familiar. Tenho certeza de que duas aparições no programa de televisão de Regis Philbin (antes *Kathy & Lee Show*) ajudaram a implantar a idéia ou a possibilidade de que descobrir e ser amado por uma alma gêmea é um pensamento plausível e desejável.

No devido tempo, a expressão "alma gêmea" estava nos lábios, na mente ou no coração da maioria das pessoas. Finalmente, meu amigo Jess Stearn me perguntou se eu me importaria de ser inter-

---

* Publicado pela Editora Pensamento, São Paulo, 1995.

rogado minuciosamente por ele sobre o assunto — visto que ele também estava escrevendo um livro sobre almas gêmeas. Encontrei-me com Jess no Hotel Hilton, em San Diego, e passamos toda a tarde conversando, enquanto ele me crivava de perguntas. Em pouco tempo o livro dele estava no prelo. Vendeu muito bem, e logo outros autores começaram a se interessar pelo tema das almas gêmeas e a escrever, dar palestras ou cursos também sobre "como encontrar sua alma gêmea". Hoje, como se sabe muito bem, há uma superabundância de livros sobre almas gêmeas, há professores falando sobre o assunto, há casamenteiros unindo almas gêmeas, e tudo isso "transbordando" pelo mundo inteiro, via Internet!

Visto que coube a mim, originalmente, alimentar a "idéia da alma gêmea", na mente do público, adotei o título (e e-mail) Mr.Soulmate@Juno.com. Sinta-se à vontade para entrar em contato comigo nesse endereço se tiver algum questionamento após a leitura deste livro.

Meu propósito principal ao escrever outro livro é duplo. Em primeiro lugar, atualizar meus leitores sobre novos conhecimentos ou técnicas práticas que fui aprendendo ao longo dos anos e que serão de grande ajuda para você atrair a sua alma gêmea.

Em segundo lugar, porque as "águas se turvaram muito" sobre esse assunto, visto que muitas idéias contraditórias ou confusas foram introduzidas sobre o que é uma alma gêmea e como encontrá-la. Inclusive, recebi recentemente uma carta de um leitor que afirmou: "Li muitos livros sobre almas gêmeas e os seus livros são os únicos que fazem sentido!"

A menos que o livro que você lê sobre qualquer assunto seja sensatamente pragmático ou prático, não vale a pena perder tempo com a leitura! Este livro está repleto de dicas e sugestões simples, embora muito eficazes, sobre como transformar-se num perfeito "companheiro de vibração" para sua alma gêmea. Antes de terminar de ler este volume, por certo você saberá que vive num mundo de vibrações. Tudo o que você conhece, toca ou sente de qualquer maneira chega sempre ao seu campo de consciência primeiro como uma vibração — portanto, vamos dar a partida na nossa "máquina de busca" de almas gêmeas com esse tema... Eu amo você!

Sr. Alma Gêmea

♥

Capítulo 1

O Universo de Vibração

Veja... saboreie... cheire... ouça... toque... intua ou pense! Todas essas sete sutis e ao mesmo tempo extraordinárias percepções comuns constituem a realidade do seu e do meu "mundo"! Todos nós vivemos em um enorme campo existencial que vibra. Vivemos num universo *de vibração*.

Se preferir, você pode chamar este amplo, ilimitado campo de Tudo o que É por outros nomes, como Deus, Mente Universal, Brama, A Fonte Única, ou uma série de nomes muito sagrados ou metáforas divinamente inspiradas, como aquelas concebidas por Annalee Skarin*, que escreveu seus oito livros clássicos e reveladores com sua "caneta mergulhada no céu!" A verdade permanece. Estamos mergulhados em um imenso campo de vibração incessante, engolfados, cercados, divinamente sustentados por ele e mortalmente vivos dentro dele. Nossos próprios pensamentos são as pulsações vibratórias universais mais poderosas que

---

* *Ye Are Gods*, Devorss & Co., EUA.

existem! O movimento do nosso próprio corpo, mente, alma e espírito é inspirado ou motivado pela VIBRAÇÃO...

Tente pensar no que não está pulsando ou vibrando de alguma forma em nosso espectro local ou planetário, solar, cósmico ou universal! O que não está vivo e tem movimento — mesmo que nossos sentidos humanos finitos ou os instrumentos científicos tão delicados e tão sensíveis do século XX não possam detectar? Almas gêmeas podem detectá-lo?

Hoje somos suficientemente sofisticados para saber que as Leis Universais ditam ou governam cada impacto, fusão vibratória ou explosão. Absolutamente nada acontece por "acaso", pois o universo de vibração não perde de vista um micromomento sequer de cada "intenção" menor ou maior ou de cada "acontecimento" no tempo ou no espaço!

De algum modo ou meio ainda desconhecido, esse imenso Universo (não uma palavra, uma sentença — mas UM verso), você e eu somos "parte" de algo que sempre retorna a um estado universal ZERO! Isso indica que todo som ou qualquer movimento de onda ou partícula dentro desse grande universo surge de um vácuo absolutamente silencioso e imóvel. A linha plana se torna uma linha complexa, uma onda ou partícula.

Se "alguma coisa" surge do "nada", então certamente as almas gêmeas — mesmo que agora estejam nadando às cegas nesse grande oceano de vibração infinita — devem ser capazes de buscar mental ou fisicamente esse "alguém especial" que é seu companheiro ou companheira de vibração!

Antes de encerrar sua viagem pelos caminhos, trilhas ou salões vibracionais de conhecimento deste livro, você deverá saber bastante sobre vibrações — como invocá-las e como acalmá-las ou libertar-se das indesejáveis — atraindo não só uma alma gêmea, mas tudo o mais que deseje experimentar no fluxo diário da sua vida. Quanto mais você souber como e por que a vibração funciona, mais rápido e mais eficaz você será pessoalmente em sua DELIBERADA "criatividade vibracional"!

Assim como o seu Criador, você também é completa e livremente capaz de ser conscientemente um criador deliberado. Você foi abençoado com a capacidade criativa inata de um deus ou de uma deusa! O mundo em que você vive neste exato momento na sua realidade tridimensional foi criado total e inteiramente por você — por planejamento deliberado ou à revelia! Você o fez.

Se esse mundo não é o tipo de mundo em que você quer viver agora — pois criadores podem mudar de idéia — então simplesmente adiante-se a este momento e mude-o! Ofereça ao Universo uma vibração diferente que sintonize o que você agora sabe que quer. Mude sua vibração — e seu novo campo vibratório atrairá e o levará para realidades físicas e espirituais novas e muito excitantes...

De todas elas, certamente o desejo vibracional mais importante poderá ser o chamado mais forte e consciente pela sua alma gêmea!

♥

Capítulo 2

Almas Gêmeas São Companheiras de Vibração

À medida que vier comigo até o centro ou coração deste livro, você *saberá* que almas gêmeas são "companheiras de vibração" — e entenderá por quê!

Caso contrário, seria muito difícil fazer sua alma gêmea sair do éter para chegar até você. Você só pode *receber* o que *deu*! Portanto, só você pode reconhecer uma vibração que sintonize com as notas ou tons dentro de você!

A sua alma gêmea será mais parecida com você do que qualquer outra pessoa que encontrou antes. Ele ou ela lhe será mais *familiar* do que seu melhor amigo ou seu amante de longa data, ou possivelmente do que seu cônjuge atual...

Durante os muitos anos desde que apadrinhei a idéia da alma gêmea, recebi centenas e centenas de cartas de pessoas que me contaram sobre seus encontros com suas almas gêmeas. O único grande problema era que não se tratava do marido ou da esposa na época!!

Almas gêmeas são companheiras de vibração

Naturalmente, todas essas pessoas desesperadas queriam qualquer conselho *que eu pudesse lhes dar* sobre o que fazer!

Alguns dos conselhos que dei se encontram nos próximos capítulos — e muitos estão espalhados em meus outros livros sobre almas gêmeas. O ponto que quero enfatizar neste momento é que sua alma gêmea será o que você for! Se essa idéia o assusta, há avenidas abertas para você "ficar em forma" e tornar-se tudo o que descobrir e apreciar em sua alma gêmea.

Todo esse espectro universal sempre está perfeitamente sincronizado. Coisa alguma nem ninguém está fora do lugar! Todas as coisas e todas as pessoas estão em perfeita combinação vibratória com o que existe ou com quem elas são e com o que ofereceram ao universo no passado. E, justamente por isso, tudo o que cada um de nós oferecer ao fluxo universal de vida hoje será o que receberemos amanhã ou no momento oportuno ou apropriado em nosso futuro. A natureza sempre se move rumo ao equilíbrio!

Ao saber disso, você tem a chave para se transformar, nos mínimos detalhes, no que deseja que sua alma gêmea seja. Aqui você também recebe a chave para tornar o seu *futuro* exatamente como você quer que ele seja... O que você pensa, diz, sente e faz hoje, literalmente, lança as sementes do seu futuro — portanto, você tem o poder de preenchê-lo com grande falta ou abundância, com caos ou ordem, com violência ou paz, com medo e dúvida ou com coragem e autoconfiança, com grande raiva e ódio ou imensa gratidão e imenso amor! Todo novo momento é uma janela onde se pode ver uma nova oportunidade e uma porta na qual você pode colocar a sua próxima oferenda de vibração...

Vivemos num mundo infinito e grandioso onde todas as coisas concebidas são possíveis — e a sua alma gêmea se harmonizará com aquele tom único ou nota que você lhe oferecer.

Capítulo 3

O Fluxo Universal da Vida

Você e eu somos parte de uma infinita fonte de vida! Esse fluxo de vida não tem limiar conhecido ou orla em que descambe. Esse fluxo de vida flui através de cada um de nós numa interminável corrente nutritiva e vitalizadora. Esse fluxo universal de vida existe para ser tocado ou para nos aquecermos nele para sempre. Estamos ligados a ele e ele está ligado a nós por toda a eternidade.

Aqui também podemos chamar O Fluxo Universal da Vida pelo título ou nome de Deus, A Fonte, Tudo o que Existe ou qualquer nome grandioso e sagrado que consideremos apropriado. Esse é apenas nosso modo humano de tentar entender e de adaptar o grande desconhecido a uma imagem ou espaço finitos em que nossa mente humana possa se refletir ou com que possa se relacionar. Isso não muda o fato de que esse fluxo intemporal e abrangente de energia vital passa através da menor partícula perceptível ou do maior sol ou galáxia conhecidos — e de tudo o que existe entre eles! Essa força ilimitada ativa cada um de nós. Essa carga elétrica que chamamos vida é o que também nos mantém coesos numa aparente unidade individual ou na solitária e coerente forma humana ou animal.

Quando esse fluxo de vida flui naturalmente através de nós e através das nossas realizações humanas ou formas de vida, todos gozamos de boa saúde! Se o fluxo dessa corrente de vida está obstruído ou danificado em algum ponto dentro de nós ou em nosso ambiente, ele cria circunstâncias pessoais de vida incoerentes, caóticas ou prejudiciais à saúde. É por isso que todos os que desejam uma alma gêmea precisam saber que quanto mais concentrados e pessoalmente controlados forem, mais rápida e facilmente poderão invocar a alma gêmea perfeita para sua corrente de vida, seja um homem ou uma mulher.

O conhecimento sempre servirá para ajudá-lo a realizar todos os sonhos ou desejos que você abriga no seu coração e na sua alma. Este livro destina-se a dar-lhe um conhecimento baseado na inspiração — e não uma motivação baseada na reação. Você saberá qual é a extrema diferença entre inspiração e motivação antes de terminar de ler este livro! E não duvido que então escolherá agir por meio da ação deliberada — baseada na inspiração.

A principal intenção deste capítulo é ajudar você a compreender que tem o apoio do fluxo universal da vida. Na verdade, você está no mesmo lugar ou espaço universalmente centrado que ocupa a pessoa mais rica ou poderosa da Terra — ou do universo. Por meio da concentração deliberada você naturalmente controla a porção da corrente universal da vida com que pode lidar ou que poderia vir a enfrentar a qualquer momento. Como você aprenderá mais tarde, quanto mais longa e mais destituída de resistência for a sua concentração, tanto maior se tornará esse fluxo — visto que, pela Lei Universal ou Cósmica, ele tem de seguir uma razão quadrada inversa do todo (universo) para a parte (você).

O que você precisa saber agora é que sua alma gêmea será atraída para a sua corrente de vida com a velocidade que você o permitir. Portanto, continue a leitura e, no curso dos acontecimentos, você saberá tudo o que precisa saber sobre convocar e permitir que a corrente de vida passe pela sua corrente humana única de vida... Aproveite a corrente!

No momento sugiro que se aqueça no prazeroso pensamento de que O Fluxo Universal da Vida continua fluindo para você e através de você — a partir do passado, do presente, do futuro e de todo espaço respeitável ou lugar cósmico que ocupa, sem ter fim! O poder desse fluxo de vida está além da sua imaginação e a única coisa de que precisa para ativar-se através de você é a sua atenção ou concentração prolongadas.

Você consegue imaginar como seria diferente o mundo em que vivemos agora se o conhecimento que você hoje está adquirindo aqui sobre esse ilimitado fluxo universal de vida tivesse sido ensinado a todos nós quando éramos crianças? Alguns cientistas e muitos sábios ou "cientistas da vida" sabem disso, mas as "massas" nunca tiveram acesso a esse conhecimento... e o que você fará com ele está tão-somente em suas mãos. Se você refletir e concentrar seu foco nesse fluxo de vida com intenção consciente ou deliberadamente, esteja certo de que a sua alma gêmea em breve estará se aquecendo em seus braços — ou de que você estará se aquecendo nos braços dela!

Ser grato por aquilo que você possui também aumenta a sua concentração; portanto, se você declarar mentalmente sua enorme gratidão por ser uma parte consciente desse ilimitado fluxo de vida, mais vida ou energia estarão nas suas mãos para que realize quaisquer sonhos que queira ver realizados — para si mesmo e para aqueles a quem ama.

A pessoa cheia de gratidão e que sempre agradece nunca sentirá falta do que deseja! Portanto, agradeça pelo fato de a sua alma gêmea estar viva, à espera e fluindo em algum lugar deste vasto fluxo de vida, e que neste momento pode ser deliberadamente chamado por você através do seu pensamento intencional.

♥

Capítulo 4

Tudo É Possível

O que se pode conceber pode-se conquistar! Isso significa que, se você puder pensar em algo, você poderá torná-lo uma realidade tridimensional para si mesmo... e essa é uma boa notícia! Se está disposto a encontrar a sua alma gêmea perfeita, basta concebê-la e seguir o conhecimento comprovado que aqui lhe apresentamos numa simples progressão passo a passo.

A maioria de nós nasceu sob a rígida ética do "trabalho árduo" — o que significa que o modo socialmente aceito para conquistar grande sucesso em qualquer coisa que se deseje é trabalhar duro para obtê-la — num nível concreto, físico ou material. Sem dúvida, essa é uma maneira de fazê-lo. Esse método é com justiça chamado de "o modo difícil" de fazer as coisas! Existe um modo mais rápido e mais tranqüilo de conquistar o que quer que se consiga imaginar — por meio de mais reflexão e menos ação.

Outro grande mal-entendido é que você precisa saber como fazer alguma coisa! Na verdade, tal qual a moderna explosão da comunicação revelou recentemente, não se trata de saber "como eu vou fazer isso agora?" mas de saber quem pode fazer.

Esses pontos serão mencionados muitas vezes por todo este texto — mas a repetição constante vale a pena. O único trabalho que você e eu temos de fazer é o seguinte:

1) Saber o que queremos;
2) manter a atenção voltada para o objetivo final e
3) diminuir qualquer resistência da nossa parte...
4) ...no tocante a PERMITIR a nós mesmos a próxima conquista pessoal importante...

Tudo isso se relaciona com a sensibilidade vibratória e com a reação — ou com saber com muita clareza o que se deseja...

Os quatro pontos mencionados literalmente contêm a essência do que você precisa saber. Entretanto, tornar-se um adepto, ou demonstrar maestria pessoal, permitirá a você materializar a longamente esperada alma gêmea em seu fluxo de vida. Sugiro que você os leia e releia várias vezes e mentalmente observe o quanto está fazendo para ser um criador deliberado no seu dia-a-dia.

Pense nisso durante um bom tempo! Que tipo de alma gêmea você procura? Qual é a aparência dela? Que impressão ela lhe causa? O que nela realmente "acende" você... corpo, mente e alma?

Que tipo de coisas você se imagina fazendo com sua alma gêmea? Você está muito apaixonado? Vocês andam bastante de mãos dadas? Vocês dão longas caminhadas juntos? Vocês estão desnudando a alma um para o outro? Há algo sobre si mesmo que receia revelar a ele ou a ela? Ela ou ele se parecem com seu melhor amigo — bem como com o amante com que sonharam?

Qual é a cor dos olhos dele ou dela? Qual a cor dos cabelos e o estilo do penteado? Quais as crenças? Quais são as convicções raciais ou religiosas, qual a formação... Quão rápido ele ou ela estarão em seu fluxo de vida?

Esses são tipos de contemplação interior ou fantasias positivas em que você porá sua mente para funcionar. É sua tarefa saber tão claramente quanto possível o que deseja encontrar em sua alma gêmea.

Há muito tempo aprendi que, se alguém realizou alguma coisa, eu posso realizá-la também — desde que, é claro, esteja suficientemente interessado e disposto a investir o tempo e o tipo de esforço necessário para fazê-lo! Especialmente quando você torna o trabalho divertido em vez de árduo e aborrecido! Criar é diferente de trabalhar.

Você e eu somos deuses e deusas — autênticos criadores em carne e osso. Podemos usar nossa mente e nossa faculdade de elaborar imagens e de desejar mudar o que É naquilo que deliberadamente queremos que SEJA! Nada é impossível a não ser que adotemos a opção divina de acreditar que alguma coisa é impossível. Assim, é natural que algo possa nos parecer impossível — mas na realidade não é — pois, se podemos pensar nela num nível mental, "ela" só precisa do acalanto do tempo e do espaço para "nascer" como uma "realidade" tridimensional! O seu trabalho e o meu é sermos criadores ativos, pois todos nós somos extensões divinas do Criador.

Por meio da livre escolha, tudo é facilmente possível, atingível, exeqüível. Viver uma vida plena e alegre com a nossa alma gêmea divina não só é uma grande probabilidade mas uma possibilidade bastante forte.

O fato de estar lendo este livro significa que você é um companheiro de vibração para a informação que trará sua alma gêmea até você — ou que levará você à sua presença radiante, seja homem ou mulher! Sua alma gêmea quer a você, tanto quanto você a quer, portanto prepare-se para grandes doses de luz, amor e alegria!

Sua alma gêmea existe, está esperando e ansiando por você no horizonte. Cabe a você, agora, permitir que ela seja sua perfeita companheira de vibração...

♥

Capítulo 5

Todos os Pensamentos e Sentimentos São Acessíveis a Você

Prepare-se para ter um dos mais desconcertantes pensamentos que você já teve ou imaginou... Cada pensamento ou sentimento que já foi vivido ou sentido em todo o espectro universal — no passado, no presente e no futuro — ainda está "vivo" e disponível para qualquer pessoa de vibração compatível! Tal como os nossos cientistas têm bem consciência de que nada se perde — assim também nada é desperdiçado! Por isso, é tolice pensar que você tem de comer menos por causa das "massas que estão morrendo de fome".

Sua riqueza, saúde ou abundância dependem totalmente das suas ações. Existe um Suprimento Universal mais do que suficiente para alimentar, vestir e abrigar ou manter cada pessoa total e completamente realizada na Terra e em qualquer outro lugar do universo — e isto inclui ter uma alma gêmea.

Em primeiro lugar, você precisa compreender e aceitar o fato de que tudo o que existiu ou que existirá está ao alcance da sua mente — o que significa que está também ao alcance de suas mãos! A base de toda a criação é elementar. Trata-se do movimento da mente. Num sentido muito real, pode-se afirmar corretamente que "a mente é a construtora" como tantas vezes o conhecido médium Edgar Cayce declarou em seus muitos discursos públicos ou "leituras" particulares sobre saúde e vida dos muitos milhares de ouvintes ou leitores de seu sábio conhecimento universal.

Atualmente, cada vez mais cientistas de vanguarda ou pioneiros do pensamento nas vastas regiões do conhecido e do desconhecido estão declarando que a mente humana é muito mais poderosa do que imaginamos. "A mente governa a matéria", frase cunhada há várias décadas pelo dr. J. B. Rhine enquanto fazia pesquisas científicas na Universidade de Duke, na Virgínia, nos Estados Unidos, tornou-se um fato comprovado.

A mente é mais poderosa do que um *laser*, como foi documentado cientificamente pelos cientistas, quando Olga Worral, uma senhora de cabelos grisalhos, atendendo a sugestões ou pedidos de um grupo de cientistas reunidos ao seu redor, literalmente curvou raios *laser* repetidas vezes, enquanto eles a observavam boquiabertos e balançando a cabeça de incredulidade. Obviamente, o dito de que uma imagem vale mais do que mil palavras tornou-se uma realidade tridimensional para o feliz grupo de cientistas que observavam esse acontecimento. Isso já acontecera havia algumas décadas e muitos outros dados foram revelados ou descobertos e comprovados com o tempo por aqueles e milhares de outros cientistas ou pesquisadores das fronteiras da mente que examinaram a alma ou o espírito humano! Devemos ser gratos pelas mentes e corações abertos...

Você e eu nunca deixaremos de pensar ou de sentir. Sempre houve e sempre haverá suficiente "material intelectual" e "material afetivo" para nos suprir à vontade. Nesse ponto, também, à medida que a resistência diminui — ou seja, que velhas crenças rígidas são desfeitas ou abandonadas — pensamentos sutis e poderosamente renovados surgem na mente. É por isso que a meditação e a focalização em um pensamento germinal abrem visões abstratas e permitem o acesso a uma "janela" para obter mais informação sobre qualquer tema ou assunto escolhido sobre os quais desejemos nos concentrar.

O universo inteiro está presente e literalmente "sob o seu comando", simplesmente pela concentração intencional da sua mente. Tudo o que você tem a fazer é decidir o que quer contatar ou encontrar a fim de "materializar" em sua vida. Nunca se deixe levar pelo pensamento ou a crença de que o universo não pode lhe dar o que você precisa para atender as suas necessidades ou realizar os seus mais loucos desejos. Só você tem a capacidade e o poder de sentir para mudar o seu mundo. Ninguém mais pode fazer ou fará isso por você... e quem haveria de querer fazê-lo? Cada um de nós tem um poder soberano sobre a própria realidade. Somos o que criamos e continuaremos a *ser* o que recriamos ao *permitir* que o futuro que escolhemos se materialize. Certamente, você está lendo este livro por causa da sintonia vibracional com ele e com a sua alma gêmea que está por chegar.

Todos os pensamentos e sentimentos estão ao seu alcance, tão vasto quanto o Universo. É como um grande mercado onde você pode "escolher e pegar" o que lhe parecer apropriado. Aproveite sua orgia de compras...

♥

Capítulo 6

Use o Contraste para Incendiar Seus Desejos

Como seres espirituais puros, encarnamos nestes magníficos corpos humanos para usar o que reconhecemos ou conhecemos como *contraste*, a fim de nos inspirar ou motivar à ação criativa. No capítulo 36, analisaremos com maior profundidade a enorme diferença entre motivação e inspiração. Por ora, podemos nos concentrar em como usar o sempre presente aspecto do contraste para acelerar a chegada de uma alma gêmea aos nossos braços esperançosos e desejosos.

O contraste não significa que temos de ter o mal ou a negatividade na Terra a fim de crescer ou avançar espiritual, física, mental ou emocionalmente. Significa simplesmente que temos de *escolher* entre *o que existe* e *o que existirá!* Assim, a característica principal ou mais importante do contraste, quando este se manifesta, é nos dar mais clareza sobre o que queremos ou deixamos de querer.

Por exemplo, se você ficar muito doente (em contraste com uma saúde radiosa ou até mesmo mediana), ver-se-á inspirado ou motivado a pensar ou a pesquisar modos e meios de recuperar novamente a saúde... Ou, se você é pobre, desejará tornar-se rico! Se seu vizinho ou seu melhor amigo tem um computador (e você não — o contraste), talvez você queira conectar-se a um computador também! Se você tem estado em movimento constante o dia todo, o contraste — uma pausa ou uma breve "soneca" recuperadora — pode lhe parecer muito atraente.

Certamente, a violência ou a negatividade que persistem ao seu redor também oferecem um contraste — de que resulta a escolha de afastar-se da ação violenta, ou de evitar pessoas ou situações negativas que lhe causam tanta repugnância! A dualidade não implica circunstâncias degradantes ou retrógradas ou obstáculos que têm de ser superados. Todas elas são fruto da ignorância e do erro humanos. Nós, os seres humanos, criamos o comportamento bestial ou desumano. Não foi o nosso Criador que o criou!

Entretanto, uma vez que somos componentes holográficos ou imagens exatas desse único grande Criador, também somos todos criadores poderosos e podemos recriar um ambiente totalmente diferente e mais autêntico, regido pelo amor incondicional — *em contraste* com a realidade, onde rege o amor condicional — portanto, onde, em vez de ser genuíno, o amor é uma "questão de controle". O amor condicional, como logo compreenderemos, nem amor é! No entanto, ao ver esse enorme contraste, uma pessoa sábia pode usar esse ponto de referência como um trampolim para o desejo de dar e de receber amor incondicional — inteiramente satisfatório e pleno para todos os implicados ou relacionados com ele.

O contraste sempre é uma maravilhosa "oferta" do universo. Ele nos permite esclarecer a nossa atitude ou posição com relação ao que observamos e sentimos. Gradativa ou até mesmo rapidamente, ele nos motivará ou inspirará a novos níveis ou alturas. O contraste é o que dá cor e valor às efêmeras experiências humanas. O contraste do imediato ou do momentâneo dá a você e a mim, como espíritos imortais, um lampejo do eterno. Em contraste com um aparente mundo de inícios e finalizações, sabemos que estamos além desses conceitos ou barreiras finitos — pois, à semelhança do nosso Criador, somos poderosos deuses e deusas vivos. Nosso surpreendente corpo humano representa um contraste em relação ao nosso espírito ilimitado — ao que parece tão firmemente encerrado ou momentaneamente contido naquele.

Outro componente vital com relação ao contraste é o DESEJO. Quando estamos cheios de desejo a ponto de quase podermos literalmente "saboreá-lo", estamos no caminho certo de trazer nossa alma gêmea até nós — desde que esse seja nosso desejo fervoroso! A Lei de Atração passa a vigorar quando o desejo alcança certo ponto crítico dentro de nós. É por isso que sábios orientadores incentivam seus orientados a descobrir, em primeiro lugar, o que realmente desejam, para depois começarem a atuar em qualquer direção na vida.

Quando você for bem-sucedido em apontar exatamente o que se salienta como o número um absoluto na sua lista pessoal de desejos, seu trabalho terá terminado. Seu trabalho é saber o que deseja com toda a clareza e, então, visualizá-lo com toda a força! O universo rapidamente se reorganizará a fim de acomodar-se à sua nova imagem da "realidade". Pois, quer você compreenda, quer não, o universo sempre está por perto observando cada um de seus pensamentos e sentimentos. Se você se concentrar na pobreza, ele lhe dará mais pobreza. Se se concentrar no sofrimento, ele lhe dará mais sofrimento... Se se concentrar na preocupação, ele lhe dará mais coisas com que se preocupar. Se se concentrar no prazer, ele lhe dará mais prazer... Se se concentrar na riqueza, ele lhe dará mais riqueza. Se se concentrar no amor, ele lhe dará mais amor.

O universo não faz o seu trabalho por você. O seu trabalho é concentrar-se naquilo que mais deseja. O trabalho do universo é dar-lhe, incondicionalmente, mais daquilo em que você se concentrou. É simples assim!

No desempenho do seu trabalho, você precisa decidir quanto "combustível" ou energia você quer concentrar através do seu desejo... Como você bem sabe, um foguete que precisa ultrapassar a gravidade da Terra nunca deixará o solo se não tiver suficiente impulso ou poder para romper a força da gravidade. Seu desejo tem de ser suficientemente forte para deixar o solo; mas, como acontece com o foguete, se não houver combustível suficiente ou força de propulsão no "pacote de intenções" (desejo) ele será impedido de subir ou será rapidamente neutralizado.

Na verdade, o contraste pode ser usado para construir, gradual ou rapidamente, esse "foguete do desejo"! Você pode obter a realização imediata do seu desejo ou levar dez a vinte anos para realizá-lo. Você é quem dá as ordens. Não é tarefa do Universo elaborar o seu desejo. Esse trabalho é seu. Assim que você tiver feito a sua parte, o universo realizará a tarefa de concretizar o seu desejo.

Ao analisarmos isso, compreendemos por que desejos fugazes ou inúteis e fantasias sem sentido nunca se tornam realidades tridimensionais. Eles simplesmente não têm, por trás de si, a essência do desejo de poder supremo de uma mente concentrada!

Insisto com você para que examine todos os contrastes marcantes presentes em nosso reino humano, nesta jóia dos céus a que chamamos nosso lar planetário — a Terra. Para onde quer que você direcione sua percepção, encontrará suficiente contraste para alcançar as estrelas — se você quiser! Assim, o seu desejo mais fundamental de amar e ser amado por sua alma gêmea perfeita torna-se fácil!

Use o contraste de não estar com ele ou ela agora para atiçar seu desejo até o ponto de poder "saboreá-lo". Não se preocupe se existem ou não suficientes almas gêmeas "lá fora" para poder encontrar a sua. Como você logo descobrirá, já criou um farto suprimento delas.

É ilógico pensar que não existe alguém "especial" para você na Terra quando existem tantas almas gêmeas perfeitamente compatíveis — ansiando, consumindo-se, literalmente chamando por você! Na verdade, decidi dedicar um capítulo inteiro para explicar a você, para fazer você entender claramente o motivo de existir um tão grande suprimento de almas gêmeas no universo — em número muito maior do que você pode controlar, almas com a idade certa, para as quais você pode conjurar as especificações corretas, aqui na Terra, agora mesmo!

♥

Capítulo 7

Oferta e Procura de Almas Gêmeas

Com freqüência, comete-se o engano de achar que a cada um de nós está destinada uma alma gêmea — e que isso é tudo! Totalmente errado!

Cada um de nós viveu muitas vidas e, assim, desenvolveu um número quase incontável de relacionamentos muito íntimos. Algumas dessas pessoas eram do material de que são feitas as almas gêmeas e, quando você encontrá-lo ou encontrá-la novamente, voarão faíscas!

O que estou dizendo é que existe hoje, na Terra, uma grande procura por almas gêmeas e uma ampla oferta disponível. Há muito mais do que jamais houve! *(Veja o capítulo 43.)* O homem ou mulher pela qual anseia não "está fora do corpo" tampouco é seu pai ou irmã. Ele ou ela só podem ser qualificados como sua alma gêmea se forem tridimensionais como você mesmo. De outro modo — qual a vantagem? Assim, diga ao médium que está soprando fumaça ao vento — às suas custas — para dar um longo passeio e trate de ir em frente e encontrar e fundir seu fluxo vital com o daquela alma gêmea que é a sua maravilhosa companheira de vibração.

Há hoje em dia, aqui na Terra, mais almas gêmeas que podem ser companheiras perfeitas para você num nível de alma do que você já sonhou ou imaginou. Sua principal preocupação deve ser a de encontrar a sua própria nota ou tom e tocá-la claramente!

O suprimento de almas gêmeas é infindável! Por que uma deusa ou um deus enfrentaria uma encarnação humana onde não houvesse esperança de estar com sua alma gêmea? Pense nisto: se tudo o que conceber e acreditar é possível, então por que aceitaria a história ou a mentira de que, por alguma razão universal, você de alguma forma foi deixado de fora? De que em algum lugar, de alguma maneira, sua alma gêmea já morreu ou deixou de cumprir o compromisso de encontrar você e de fundir-se com você neste "intervalo de tempo" a que chamamos de vida na Terra? De forma nenhuma há alguma validade ou verdade nessa premissa. A seu dispor — como em geral a cada um de nós — há um grande suprimento de almas gêmeas em algum lugar aqui da Terra, neste exato momento.

Em algum lugar dessa vasta oferta de almas gêmeas há pelo menos uma que pode ser chamada ou somada ao seu fluxo de vida. Por que qualquer outra pessoa seria capaz de usufruir desse precioso e enorme reservatório de almas gêmeas perfeitas — enquanto por alguma razão maldita você estaria destinado a permanecer carente ou erroneamente convencido de que simplesmente existe falta de homens ou de mulheres bons na Terra hoje em dia?

Desde que *Como Encontrar Sua Alma Gêmea* foi publicado em 1971, milhares de indivíduos ou casais alegres se aproximaram de mim em conferências, seminários e *workshops*, na rua e em restaurantes; ligaram para mim, chamaram-me para programas de entrevistas, ou ainda me escreveram aos cuidados dos meus editores agradecendo-me profusamente por ser o instrumento que os ajudou a encontrar suas almas gêmeas. Existem mais almas gêmeas do que qualquer pessoa possa imaginar, e elas estão agora mesmo ansiando por estar em sua presença. Elas podem estar do outro lado da rua onde você mora, do outro lado do mundo, em outro país, ou trabalhando no mesmo prédio em que você trabalha. Simplesmente, não importa onde estão ou vivem neste momento, pois, nesta era espantosa, pode-se cruzar o vasto oceano ou espaço entre um país e outro em menos de dois dias — e, em alguns casos, pode-se dar a volta à metade do mundo em menos de 24 horas. Tempo e espaço não são barreiras para um "companheiro de vibração".

Um dos motivos por que você pode ter aceito a idéia de que sua própria exuberante alma gêmea não existe é o fato de estar procurando por ela nos lugares errados! Outro é que, como quase todas as outras pessoas, você foi orientado para a ação nessa procura — em vez de "pré-pavimentar" mentalmente seu contato com sua alma gêmea! Analisaremos isso com maior profundidade no próximo capítulo. Apenas compreenda, colocando nisso toda a sua convicção, que nunca, nunca, nunca há falta de uma única coisa que seja neste universo — inclusive de almas gêmeas.

Você e eu estamos cercados por um infinito oceano de abundância que também está repleto de uma oferta interminável de almas gêmeas — todas elas ao alcance de "um chamado" de seu genuíno companheiro de vibração. Nosso universo vibracional está mais do que disposto a unir você a uma alma gêmea muito especial — mas somente quando você tiver feito o seu trabalho de "tocar a sua nota". Sendo assim, vá diretamente à loja universal de almas gêmeas e cuidadosamente escolha a alma gêmea que seja exatamente o que quer encontrar e sentir nele ou nela.

Capítulo 8

Almas Gêmeas e Companheiros de Vibração

Como você sabe, existe definitivamente uma alma gêmea que logo estará segurando sua mão, olhando profundamente em seus olhos e dizendo-lhe que ama muito você. Neste ponto não há dúvida de que existe uma grande oferta de almas gêmeas elegíveis — todas ansiosas por estar imediatamente com você! Considerando-se que na sociedade em que vivemos ter mais de um parceiro ou amante ao mesmo tempo não é visto com bons olhos, você deve buscar fundir sua corrente vital com uma alma gêmea que seja uma perfeita companheira de vibração.

Como você fará isso? De modo muito simples e eficaz. Em primeiro lugar, releia este livro tantas vezes quantas forem necessárias para entender ou compreender que você vive num universo vibracional e que sua realidade vibracional presente foi criada inteiramente por você através de planejamento ou à revelia. Criado à revelia significa que você deixou outra pessoa estabelecer suas linhas diretrizes ou impedir você de tomar sua própria decisão.

Por exemplo, você vive tentando ser saudável, magro e manter a forma — mas seu melhor amigo gosta de comer e sempre dá um jeito de persuadir você a fazer refeições fartas demais, talvez com excesso de chocolate e de alimentos gordurosos e doces... Depois de alguns anos, você percebe que engordou 30 quilos ou mais e que suas roupas finas não servem mais. Foi seu amigo que o deixou gordo? Não. Você engordou recusando-se a seguir seus instintos naturais para manter-se magro e "funcionando" sem comer constantemente em excesso alimentos tão obviamente gordurosos. Você desistiu de optar por ser capaz de manter-se saudavelmente magro e em forma ou de ter um belo corpo, ao escolher agradar seu amigo — em vez de seguir sua sábia orientação interior. Você é o governante da sua alma e o capitão do seu destino!

Você e eu podemos conscientemente optar por ignorar o que sabemos ser bom para a nossa saúde — como os fumantes que sabem que os cigarros os estão matando e que, no entanto, optam por uma morte prematura e pelo câncer de pulmão ou pelo envenenamento tóxico gradual. Entretanto, esse é um suicídio lento e consciente, e o fumante sabe que está contaminando esse magnífico corpo humano; então, quando a morte ocorre, é por escolha ou plano deliberado — ela não chega à revelia!

A sua saúde, a riqueza, a beleza, a juventude, a alegria ou a tranqüilidade, ou uma condição ou estado de vida exatamente oposto, são total e inteiramente criados por você. E não poderia ser de outra maneira, pois você é uma correspondência vibracional para o ponto ou lugar exatos no tempo e no espaço que você ocupa conscientemente a cada novo momento que se desenrola! O que você vê foi criado por você mesmo.

Como você já aprendeu, o contraste revela escolha. Assim você moveu-se de escolha em escolha — ou desistiu dessa escolha de momento a momento — desde o primeiro minuto em que viu a luz ao nascer em nosso amplo "sonho" ou "realidade"

Almas gêmeas e companheiros de vibração

tridimensional física, emocional e mental, até este exato momento novo!

O contraste de não ter uma alma gêmea é que estimulou ou impeliu você a comprar ou ler este livro. Agora você pode conscientemente usar esse contraste de uma maneira bem prática para unir sua alma gêmea a você. Essa alma gêmea será uma companheira de vibração para você sob todos os aspectos importantes. É por isso que, quando sua maravilhosa alma gêmea entrar repentinamente em sua corrente de vida, você sentirá e pensará que ela é uma das pessoas mais **familiares** que já encontrou ou conheceu! Você está certo! Você está olhando para sua companheira de vibração. Esse homem ou mulher surpreendente que está devolvendo seu olhar, fitando você profundamente nos olhos é um reflexo perfeito de você mesmo! Ele ou ela parece ser uma parte conhecida do seu próprio ser. Para ambos houve interação em vidas anteriores — ou vocês seguiram caminhos principais semelhantes para finalmente estarem aqui agora, cheios de vida e um diante do outro!

Se você imaginar ou acreditar que encontrar sua alma gêmea será uma tarefa muito longa e difícil — então essa é a vibração que você está soando e o universo certamente acederá a ela. "Pedi e recebereis", sentença contida na Bíblia cristã desde há muito — como foi gradativamente interpretada na linguagem atual — é um fato da natureza! Entretanto, esse pedido não é o que você pronuncia apenas com palavras — ou diz apenas com a mente — é, na verdade, o tom ou nota que você está "irradiando" em dado momento. Não são palavras vazias ou pensamentos sem vida que criam uma realidade física tridimensional recíproca! É o alcance exato ou a velocidade de seu tom vibracional que criam **tudo** o que você vê à sua volta! Essa mesma correspondência quase exata se aplica à oração. "Falar simplesmente" com o universo ou o

Criador não leva você a nada. O que você de fato sente — por outro lado — está sempre vibracionalmente sintonizado com sua realidade viva. Rezar intensa ou fervorosamente significa **concentrar-se** com todas as forças no que está pedindo (porque está orando) ao seu Criador ou ao universo.

Você e suas almas gêmeas são simplesmente companheiros momentâneos de vibração. A maior extensão desse "momento" depende de vocês dois continuarem em sintonia um com o outro — ou não. Se ficarem sincronizados — o relacionamento pessoal de vocês como almas gêmeas se prolongará na medida em que cada um de vocês permitir e alimentar o relacionamento. Caso contrário, você passará à criação consciente da próxima alma gêmea à sua espera! Se mantiver uma constante consciência plena em almas gêmeas — você morará no mundo de amor e de alegria da alma gêmea. O que há de errado nisso? Absolutamente nada...

Se você puder deixar para trás o erro de pensar que existe apenas uma alma gêmea destinada a cada um — compreenderá que esse pensamento é tão tolo quanto pensar que existe apenas um dólar destinado a cada um na economia mundial. O fato é — aqueles que são plenamente conscientes dos dólares logo juntam uma porção deles... e visto que o universo (ou Deus) é mais infinitamente abundante nos modos e meios de manufaturar ou materializar dólares... ninguém é realmente privado ou ferido porque uns têm mais dólares que os outros! **Bill Gates**, por exemplo, que criou a Microsoft, tem direito a cada dólar que cria. Bill Gates provavelmente criou mais dólares e mais oportunidades para cada pessoa na Terra do que qualquer outro homem em toda a história da humanidade — afinal foi Bill Gates que criou "o bolo inteiro" e aqueles que tentam tirá-lo dele e empanar ou deter seu esforço criativo são tolos ao pensar que isso funcionará, pois sempre serão pequenos de mente — enquanto Bill Gates continuará a criar bolos ainda maiores — se outros tiverem sucesso em roubar aquele que ele criou.

Bill Gates mereceu sua "parcela de consciência" e o universo sempre responderá a essa mensagem, seja qual for o curso econômico deliberado ou as direções de onde Bill a tirou!!

Você chamará aquela alma gêmea no momento em que estiver pronto a aceitá-la em sua vida porque ele ou ela é sua companheira de vibração. Então isso significa que a chave para estar com sua alma gêmea é entender os campos vibratórios e, assim, saber como levar sua própria afinação ou freqüência vibratória até um tom poderoso que naturalmente trará sua amada alma gêmea para o seu fluxo de vida.

A **Lei da Atração** será a "máquina de busca" que sua "oferta" vibratória usará para descobrir e lhe entregar a sua alma gêmea!

♥

Capítulo 9

Almas Gêmeas
e a *Lei da Atração*

Neste capítulo veremos de perto ambos os assuntos — almas gêmeas — e a *Lei da Atração*. Começaremos com almas gêmeas e, em seguida, examinaremos como a Lei de Atração funciona universalmente para permitir a contínua Criação e o encontro das almas gêmeas com seus companheiros de vibração.

As almas gêmeas, conforme defini em meu livro *Como Encontrar Sua Alma Gêmea*, são simplesmente todos aqueles parceiros do outro sexo que encontramos e com os quais nos relacionamos formando um casal confiante ou aquele companheiro conjugal no nível da *alma*. Encontrar alguém no nível interior da psique ou da alma é totalmente diferente de encontrá-lo no nível da personalidade do ego. Quando a força da alma é envolvida, a entidade harmoniosamente solucionará os vários tipos de assuntos ou desafios apresentados aos participantes — quer sejam pessoas, grupos, ou de nação com nações!

Por outro lado, de personalidade para personalidade sempre há um envolvimento de interesse pessoal entre as partes. Uma pessoa concentrada ou centrada na personalidade do ego está sujeita à ofensa e à defesa. Isso é da natureza do ego e da pessoa ou *persona* que realiza.

Enquanto isso, o indivíduo concentrado ou centrado na alma ou psique naturalmente trabalhará para levar harmonia e paz a todas as circunstâncias pessoais. Isso é da natureza da alma. Uma pessoa imbuída de alma, ou que atua a partir dela, sempre busca cooperação — e não competição; ela busca união e não separação, elevação moral e não degeneração ou humilhação, busca caráter e credibilidade e não irresponsabilidade e falta de autenticidade etc., etc.

Naturalmente, todos nós somos uma mistura dessas características ou traços humanos negativos e positivos. Entretanto, qualquer observador facilmente notará se você ou outra pessoa age habitual e *predominantemente* a partir do ego ou tende a agir a partir da alma. Um é combativo e defensivo e o outro é amigável e age a partir de um "espaço" ou lugar centrado e calmo. Tenho certeza de que você sabe sobre o que estou falando.

Portanto, você pode ver claramente por que casamentos ou "relacionamentos" com almas gêmeas são extraordinários em dimensão e objetivo. Um relacionamento com a alma gêmea nasce de um nível em que os parceiros do casamento ou os casais se mantêm em comunhão sagrada com o outro, ao passo que nos casamentos comuns isso não acontece. É óbvio, portanto, que almas gêmeas conhecem, vêem e respondem diferentemente aos seus parceiros. Todas as almas gêmeas que conheço sabem como amar e respeitar uma à outra com uma paixão e um fervor e uma entrega mútua como ninguém mais faz.

A maior parte dos nossos contatos com a alma gêmea nesta vida vêm do amor que foi alimentado e cresceu em uma ou em várias vidas dentre as incontáveis vidas que vivemos na forma humana antes. Num futuro próximo, será publicado meu novo manuscrito, *The Soulmate Chronicles*, que relata como as vidas de *quatro almas gêmeas* que encontrei e amei nesta vida foram tramadas a partir da minha amorosa e íntima interação com elas nos dias da antiga Atlântida e Lemúria — na velha Índia e no Egito antigo e nos dias dos pioneiros aqui dos Estados Unidos até a Áustria — onde vivo com minha atual alma gêmea. Procure por ele — visto que esse livro lhe trará mais conhecimentos sobre como aquilo que achamos ser meros "encontros acidentais" são, na verdade, encontros determinados pelo desígnio universal...

Então, graças ao que você sabe agora, outro fator a considerar é que você pode realmente elaborar um tipo de relação de alma gêmea com qualquer pessoa do sexo oposto — se optar por aprender como encontrar-se com ele ou ela no "nível da alma". Como o livre-arbítrio está sempre em ação, isso não transformará outra pessoa em sua alma gêmea — a não ser que ela também tenha o desejo de encontrá-lo no nível anímico. Se quiser fazer isso, então por certo vocês dois serão autênticas almas gêmeas!! Isso não significa necessariamente que estarão juntos durante toda a vida. Lembrem-se sempre: antes de serem almas gêmeas vocês são **deuses** e **deusas**! Um deus ou uma deusa pode escolher fazer o que quiser e quando quiser — e apesar de intenções e fatos tridimensionais poderem ter fim, você pode continuar para sempre. Ninguém ou nenhuma coisa pode detê-lo ou entregá-lo a condições exteriores do mundo externas ou do "sonho" — a não ser, é claro, que você deseje entregar-se ou "fixar-se". E visto que não existem universos em que deuses e deusas fiquem fixos *para sempre* — mesmo aqueles entre nós que optarem por ficar fixos ou aparentemente "construídos em concreto" como o rochedo de Gibraltar — quando um universo muda, tudo dentro dele tem de mudar! Sem mudança a vida terminaria. Sem a "morte" do velho — não haveria nascimento do novo...

Portanto, é aconselhável sempre seguir o caminho da alegria ou do sentir-se bem, pois isso significa que você estará mais sintonizado com o Criador. Assim, de certa forma, até mesmo no caso de almas gêmeas, que viveram felizes juntas por muitos e muitos anos, seu crescimento mútuo pode chegar ao fim — por uma razão ou por outra — então conscientemente elas tomarão caminhos físicos diferentes, em geral com alegria, pois ambos apreciarão o que compartilharam com tanta felicidade e por tanto tempo, mesmo que tenha chegado a hora da separação. Isso se chama maturidade.

Agora analisaremos de perto a Lei da Atração que funciona em contraposição à Lei da Repulsa! Sem essas duas leis o universo, tal como o conhecemos, não existiria. Nosso universo elétrico está baseado na dualidade ou na polaridade positiva e negativa — ou na polaridade feminina e masculina.

Mesmo para gays ou lésbicas — embora o espírito que habita o corpo possa ser do sexo oposto ao do sexo do corpo que é habitado por ele — homens são homens e mulheres são mulheres. Isso precisa ser assim num universo elétrico.

No universo magnético, o universo do qual você e eu saímos como "entidades de luz" ou "seres espirituais", nós não temos sexo ou diferenças sexuais! Apenas nos tornamos polarizados como mulher ou homem quando nossa "centelha de vida" se move para o universo elétrico no qual vivemos num dado momento como seres humanos tridimensionais. Quando entramos nesse universo, nosso tom único ou nota, através da Lei da Atração, nos impele ou atrai para o tempo e lugar vibracional em que devemos estar na hora do nosso nascimento humano. Nascemos em formas masculinas ou femininas.

Devo lembrar você de que vivemos num universo de vibração que usa a Lei da Atração para ajudar os criadores como você e eu a criar nossa vibrante realidade viva enquanto moramos na forma humana na Terra. Almas gêmeas que se encontram o fazem através da poderosa Lei da Atração que as move finalmente para a justaposição tridimensional quando a sintonia de vibração é atingida.

É por isso que sugeri ou falei muitas vezes sobre o valor de examinar o tom vibratório pessoal que você está irradiando. É isso que você quer ver mais em sua corrente diária de vida? Quanto mais você elevar ou exaltar sua personalidade única — mais elevada ou exaltada será a sua alma gêmea! Os seus pensamentos são a chave para a sua média vibratória — assim sendo, em que você pensa na maior parte do tempo?

♥

Capítulo 10

Os Pensamentos que Dominam a Sua Mente

Quase ninguém compreende que todo pontinho ou partícula e toda forma de "realidade" são criados pela mente. Não há nada que tenha forma ou ocupe espaço físico que não tenha sido primeiro apenas um pensamento nebuloso e, finalmente, um pensamento claramente focalizado na mente de algum criador consciente e deliberado! Concentrou-se e pensou-se durante bastante tempo sobre essa "essência do pensamento", até que ela finalmente se materializasse como alguém ou alguma coisa em nosso vasto universo — ou no complexo de espaço/tempo cósmico, solar ou planetário que correspondesse à ressonância ou velocidade vibratória do que foi "concebido" ou dado à luz.

Acho que é oportuno mencionar aqui que todos os pensamentos e sentimentos **literalmente** têm "vida própria". Pense na imensidão dessa "verdade"! Significa que, quando pensa ou sente, você está verdadeiramente dando uma porção ou uma parte da sua própria vitalidade ou vida ao que está sentindo ou pensando. Foi *exatamente* assim que o seu e o meu mesmo único grande Criador criou a você e a mim!

Se pensar nisso claramente você entenderá por que é uma deusa divina ou um deus divino realmente feito à "imagem" de seu Criador — e por que você também pode criar e talvez "crie" com o simples movimento e concentração prolongada de qualquer pensamento ao qual escolher dar sua preciosa, inestimável, inigualável essência de vida! *Esta não é uma revelação maravilhosa, muito esclarecedora e que dá muito poder pessoal?*

Por que essa inacreditável "boa notícia" não lhe foi revelada ou transmitida durante sua educação primária na escola particular ou pública? A resposta é evidente, se você pensar. O que você está aprendendo ou *já sabe muito bem* não é conhecido pela maioria — portanto *ainda* não é ensinado em qualquer sistema escolar particular ou público! Entretanto, pode ter certeza de que no devido tempo isso será transmitido a toda criança da Terra — no curso *normal* da experiência infantil, na escola e durante o crescimento. Neste ponto, a civilização "humana" (ou do deus-homem, pois "hu" significa homem-deus ou deusa) ainda não conquistou um estado de consciência plenamente humano. Há massas de indivíduos tanto em posições "altas" como "baixas" da Terra que são subumanos...

Com o tempo, cada pessoa na Terra se tornará verdadeiramente humana ou um verdadeiro homem-deus ou mulher-deusa e "o céu na Terra" será uma realidade viva para todos nós que estamos compartilhando este "período de tempo" que logo virá à Terra. Meu livro *The Birth of Earth as a Star* lhe dará muitos conhecimentos adicionais sobre esse processo divino.

Enquanto isto, muitas pessoas na Terra ainda são brutas e bárbaras e muito primitivas ou incivilizadas em sua atitude e interação umas com as outras. Ao encontrá-las neste novo caminho pelo qual você anda agora — simplesmente abençoe-as *silenciosamente* (pois bênçãos ou graças silenciosas oferecidas são muito mais potentes do que as audivelmente pronunciadas) — e continue seguro e forte no seu caminho. Agora você está andando **conscientemente** na luz e isso sempre lhe dá tanta força pessoal! Aqueles que andam nas trevas não têm mais nenhum poder sobre suas ações, ou sobre seus pensamentos e sentimentos altamente inspirados. Você é o único comandante do seu destino. Você virou a mesa... Em vez de a mente da "consciência social" (ainda muito primitiva neste tempo) *dirigir e arruinar a sua vida,* você é quem age.

Se precisar, releia essa última sentença várias vezes e pense nela até realmente sentir e conhecer as duas "abordagens" tão diferentes da vida na Terra. Uma é a atitude socialmente aceita de procurar a iluminação espiritual e a vida espiritual que ela exige; ao passo que a outra, muito mais importante, é a atitude e o conhecimento de que você já é em dado momento um espírito divino — totalmente conectado a todos os outros espíritos e a Tudo o que Existe, seja qual for sua forma. Portanto, você *vive* uma vida espiritual... Você não está "procurando" algo num tempo ou espaço distante para constantemente apoderar-se de alguma coisa que continua longe de possuir. Entendeu a mensagem?

Se não entendeu — simplesmente releia estes últimos poucos parágrafos até transcender o *reflexo* das palavras e realmente *absorver* a profundidade do seu significado! Todas as coisas em nosso universo vibracional estão ligadas pelo grande princípio da reflexão ou da absorção. *Quando você absorve algo você o possui!*

O valor de entender tanto quanto puder do que lhe foi apresentado neste capítulo é que você precisa compreender como cada pensamento e cada sentimento que você "alimenta" ou abriga é importante — tanto para você quanto para todos os outros que compartilham este grande planeta Terra com você. Calcula-se que o homem comum cria ou tem, a cada dia vivido, mais de 50 mil pensamentos! Muito poucos desses pensamentos têm em si vida suficiente para tornar-se "realidades" totalmente desabrochadas na Terra — por mérito próprio. A maioria dos pensamentos são repetições — assegurando assim que nosso amanhã será uma repetição ou réplica quase exata do nosso dia de hoje. Considero isso extremamente aborrecido!

É muito importante que você reflita sobre o que está pensando a cada momento do dia. Aprenda a ficar plenamente consciente do que pensa e do que sente. Quando pratica o pensamento consciente ou deliberado, você se transforma num criador deliberado que pode, assim, atrair sua alma gêmea através desse pensamento... No processo de observar o que pensa — você pode captar e descartar todos aqueles aborrecidos ou retrógrados "pensamentos declarativos" ou afirmações declarativas verbalizadas que muitas vezes são a sua não-realização — pois você sempre recebe o que pensa, sente e diz!

Peça à sua **centelha divina**, a seu eu interior ou elevado, para ajudá-lo a monitorar todos os seus pensamentos e sentimentos. Então você saberá por que as coisas "acontecem" em seu fluxo de vida. Nada acontece por acaso, pois todos os acontecimentos são companheiros de vibração dos "incidentes" reunidos ou misturados durante qualquer acontecimento do tempo e no espaço. Você é apenas a "vítima das circunstâncias" quando por desígnio ou por falta dele ativou uma companhia vibracional para seus pensamentos e sentimentos.

É por essa razão que você é constantemente estimulado a ter bons pensamentos — pensamentos dignos de sua divindade — e de ter bons sentimentos — dignos de qualquer deusa ou deus na Terra! *Que pensamentos dominam a sua mente?*

A sua mente pode mover-se na imaginação rumo a qualquer um ou a qualquer coisa que você deseje. Você pode dar a um bom pensamento ou a um pensamento negativo qualquer destino que desejar. É isso o que os criadores fazem! Se você monitorar cuidadosamente o que está na sua mente aprenderá a afastar-se mais depressa de pensamentos destrutivos, derrotistas, ou dos que lhe causem danos, e a se concentrar em pensamentos que o ajudem de todas as maneiras!

Minha sugestão é que você reserve um horário logo pela manhã ou antes de dormir e enumere uma longa lista das coisas ou dos acontecimentos do dia de que gostou muito. Se conseguir listar uma coisa de que gostou atrás da outra no dia de hoje — por cinco minutos que seja — você estabelecerá um tom ou nota que ressoará através de todos os seus amanhãs! Cada vez que fizer uso de seus pensamentos para ampliar um pouco sua média vibratória, você se tornará uma pessoa nova e excitante — e todo o universo vibracional verá e manterá você *nessa nova luz!*

Você sabe o que quer? Poucas pessoas sabem — sendo assim, vamos abordar esse tema agora mesmo...

♥

Capítulo 11

Seja Específico Quanto ao que Quer

Quanto mais claramente você conseguir visualizar e detalhar sua alma gêmea, mais poder ou gravidade mental você dá ao seu desejo de estar com ele ou ela. É muito importante que você sinta uma tremenda familiaridade com relação à sua alma gêmea. Você colaborará com esse sentimento ao elaborar cuidadosamente todos os aspectos e características que tanto deseja encontrar nele ou nela...

Leve o tempo que precisar para pensar nisso e sentir a aparência dele ou dela, o modo de ele ou ela pensar, agir, sentir e trazer a você esse senso único de alegria e realização pessoal que apenas uma alma gêmea autêntica pode lhe trazer. Esses são aspectos duráveis que você e sua alma gêmea compartilharão durante os meses, anos ou décadas por vir. Tudo o que você tem a fazer é ver mais, e então haverá mais!

De algum modo, esses aspectos pessoais são mais importantes do que aqueles relativos à cor do cabelo da sua alma gêmea — visto que o cabelo pode ser modificado a gosto. Os modelos com freqüência mudam a cor dos olhos usando lentes de contato —

·portanto, isso é fácil de resolver. Até mesmo a altura pode ser ajustada quando a pessoa mais baixa usa sapatos ou botas com saltos extremamente altos. Não obstante, toda pessoa solteira aprecia de modo diferente o que torna os contornos de um rosto muito bonito ou atraente. É por isso que você é o escultor ou artista supremo. Só você pode pintar ou modelar o Sr. Certo ou a Sra. Certa, fazendo-os ser exatamente como quer que sejam. Você pode fazê-lo alto, robusto, magro e leve ou baixo e pesado, com belas formas ou mais magro do que o habitual. A sua mente ou alma sabe que características ou atributos você quer ver em sua alma gêmea. Lembro-me de que, quando a alma gêmea pela qual eu tanto ansiava chegou à minha vida, ela tinha cabelos longos tal como eu havia visualizado — mas para minha grande surpresa, algumas semanas depois que nos encontramos, ela fez um corte curto como de garoto naqueles belos cabelos longos. Se eu tivesse dedicado algum tempo mais a especificar com mais clareza que eu preferia que minha alma gêmea tivesse cabelos longos — *para mim, um cabelo com aparência mais feminina* —, isso teria me trazido uma alma gêmea diferente, provavelmente mais compatível comigo naquela ocasião. Da forma como aconteceu — naquela ocasião eu não havia feito bem minha lição de casa —, entre algumas fantásticas almas gêmeas com as quais me relacionei, essa foi aquela com quem fiquei menos tempo. Não demorou muito para nós dois compreendermos que, embora amássemos muito um ao outro, estávamos rumando ao longo de caminhos diferentes e incompatíveis. Portanto, no devido tempo, agradecemos um ao outro pelo prazer da companhia e nos separamos... de modo que essa experiência acabou sendo mais uma "lição de vida" valiosa ou mais uma pérola brilhante de sabedoria com que presenteamos um ao outro!

Quando se aprende uma lição não há necessidade de repeti-la. Nós sempre colhemos o que semeamos ou "plantamos" neste universo vibracional. Se oferecemos ao universo um quadro muito nítido de como nossa alma gêmea deve ser e de qual deve ser sua aparência, o universo terá prazer de entregá-lo ou entregá-la a nós.

Talvez possamos entender melhor esse princípio se o compararmos ao fato de plantar uma semente de nabo no solo esperando que a terra nos entregue um tomateiro. Na verdade, essa é uma analogia maravilhosa, pois o universo trabalha exatamente da mesma maneira. Se você oferecer a este colossal universo vibracional que espera o seu comando criativo uma imagem ou "fotografia" admirável e rigorosamente exata de sua alma gêmea — então o universo terá de lhe entregar o homem ou mulher especial que mais se pareça com essa fotografia!

É por isso que eu insisto para que você seja tão específico quanto puder ao desenhar aqueles traços e qualidades amorosas que sua alma gêmea deve possuir com detalhes claros como cristal! Quando você a fizer imponente e mais íntima do que puder imaginar — então por certo o universo cumprirá a sua ordem.

Eis aqui outra boa dica para seguir. Pense bastante nisso... Você gostaria que o universo de repente cumprisse a sua ordem, hoje ou amanhã, trazendo-lhe o primeiro "alguém especial" que conseguisse encontrar de imediato, e que essa pessoa se modificasse a fim de acomodar-se à imagem que você criou? Alguém que talvez não "estivesse preparado" ou a quem faltasse algum traço ou característica — simplesmente porque você está com pressa? Ou você, sabiamente, esperaria alguns dias, meses ou até mesmo alguns anos, se fosse preciso, a fim de permitir que o universo entregasse aquela alma gêmea incrivelmente perfeita aos seus braços ansiosos? Vale a pena ter um pouco de paciência! Mas a escolha é sua.

Seja específico quanto ao que quer

Você é um deus ou uma deusa, portanto, merece o melhor — assim sendo, faça ou arranje tempo para habilidosamente conjurar a mais amorosa, mais excitante e mais satisfatória alma gêmea que puder para o seu fluxo de vida. *Seja específico quanto ao que quer!*

♥

Capítulo 12

Descubra Seus Padrões de Resistência

À medida que avançar por este livro, muitas vezes lhe será lembrado de que sua velocidade e sua habilidade para criar algo do nada existe em proporção direta com dois fatores vitais:
1) Desejo;
2) Falta de resistência.

Imagine que está puxando uma rolha embaixo da água. Você sente a resistência? Agora largue a rolha e toda a resistência desaparece à medida que ela rapidamente sobe à superfície e flutua livremente. Imagine mais ainda... imagine como seria a sua vida — ou como ela poderia ser — se você pudesse eliminar todas as suas resistências... Fazer sua "rolha flutuar" no fluxo universal da vida tornaria você um Mestre — ou ao menos um Adepto — ao criar um estilo de vida fluido e muito harmonioso. Visto que multidões de outros o fizeram no passado e o repetem no presente — você certamente é capaz de fazê-lo também.

A fim de diminuir essas muitas resistências que sobem à superfície a fim de lhe infundir medo, dúvida ou sentimentos de inadequação quanto à conquista dos seus desejos, primeiro você precisa aprender que não mais são necessários o trabalho árduo ou a antiga "ética da luta". Se você não oferecer resistência ao seu desejo, ele poderá ser atendido quase de imediato. Sei disso pessoalmente ou "em primeira mão", porque em certa ocasião eu mesmo fiz uma mentalização e consegui a materialização quase imediata de desejos aparentemente bastante impossíveis de realizar. Num raro porém precioso incidente, literalmente manifestei uma instantânea criação física. E se uma pessoa consegue obter isso por meio da força da concentração num desejo — então você ou qualquer outra pessoa que o deseje pode fazê-lo também!

Quanto mais consciente dos seus sentimentos ou atos de resistência você se tornar, tanto mais depressa poderá aboli-los. Quando está desejando alguma coisa, preste atenção estrita ao que sua mente está dizendo ou como você se sente em relação a ela. Rastreie qualquer sentimento ou pensamento que surja em sua mente ou corpo. Um medo, quando exposto, perde toda a sua força destrutiva ou inibidora. Se você duvidar da própria habilidade divina de ser bem-sucedido em obter aquilo que deseja, descubra o pensamento ou sentimento que originou a dúvida e então elimine-o de forma consciente. No devido tempo, ao concentrar-se no que você *quer* e ao trazer com sucesso o que quer para o seu fluxo de vida, sua autoconfiança naturalmente se formará e a velha resistência contra sentir-se bem, fazer o bem e viver bem se desfará.

Quanto menor for sua resistência a ver, tocar, segurar nos braços e compartilhar amor com sua alma gêmea, tanto mais depressa ele ou ela estará fitando os seus olhos brilhantes. Este princípio universal é absoluto! Reduza a resistência e o poder aumentará... aumente a resistência e o poder diminuirá. A maioria de nós nunca teve consciência desses princípios universais tão fáceis de entender. Eles não são ensinados em nossos sistemas educacionais — exceto talvez de maneira rudimentar nas aulas de física ou ciência. Entretanto, a aplicação desses princípios universais profundos em nossa vida psicológica ou diária não foi ensinada ou enfatizada. Se tivesse sido — este mundo seria dramaticamente mais novo e muito mais pacífico e produtivo em termos pessoais.

Este único princípio simples, porém eficaz, é a chave principal para tornar verdadeiros os seus mais espantosos e fantasiosos desejos. Simplesmente esteja consciente agora de qualquer das suas resistências e apague-as do seu fluxo de vida, uma por uma, à medida que elas apareçam. Isso fortalecerá você como nenhuma outra lei universal ou princípio poderia fazer. *Descubra os seus padrões de resistência e elimine-os da sua vida!*

Faça isso!

Capítulo 13

Aja Menos, Visualize Mais

Este conhecimento também aumentará suas chances de trazer logo até você a alma gêmea dos seus sonhos. Todos nós estamos acostumados a sentir ou a pensar que temos imediatamente de nos pôr em ação quando vemos ou imaginamos uma nova meta atraente. Este é outro aspecto de nosso código genético que envolve nosso trabalho e nossa ética de luta.

Este pensamento é de que, se nos colocarmos imediatamente em ação, rapidamente realizaremos o que desejamos. E nada poderia estar mais longe da verdade. "Pense antes de saltar" é um velho ditado e tem mais ramificações ou significado do que normalmente se imagina. Este ditado afirma que, antes de saltar da frigideira para o fogo, você deve primeiro verificar se pode realizar um "salto" ou um movimento mais vivificante.

Com relação ao conhecimento apresentado aqui, ele significa que, se você quer defrontar-se com sua alma gêmea, simplesmente seja sábio e faça primeiro uma boa porção de "pré-pavimentação" mental. Você poupa tempo e esforço a longo prazo quando faz isso — em vez de ir apressadamente de bar em bar, saltar de salão de dança para salão de dança, de museu para museu, ou de ir procurar os bons serviços "matrimoniais" disponíveis hoje em dia etc. Se você não tem uma boa imagem ou "impressão" do que quer antes de entrar num remoinho de movimentos, não pode encontrar e não encontrará sua alma gêmea!

Portanto, antes de percorrer alguma trilha física nebulosa ou tridimensional, saiba o que quer com tanta clareza quanto possível e com tanta força quanto puder senti-lo. Isso imediatamente reorganiza universos ou "abala mundos" e reproduz aquilo em que está se concentrando intensamente — sua alma gêmea — ou qualquer coisa que você queira muito.

Se estar com a sua alma gêmea é uma prioridade muito alta ou da maior importância na sua vida, você não pode falhar em encontrá-la. O universo prontamente se moverá e você será levado para onde está sua ansiada e amada alma gêmea! É assim que isso funciona.

Em primeiro lugar, mova todo o impaciente e solícito universo pelo poder do seu desejo concentrado. Então, se você está querendo encontrar sua alma gêmea, o universo se reorganizará para se acomodar à sua nova imagem da realidade! Assim foi que todas as coisas foram precipitadas para a realidade tridimensional. É a "intenção no tempo" de um criador visualizador e intensamente concentrado que finalmente produzirá o "acontecimento temporal" desejado! Talvez você queira pensar e absorver o lampejo intuitivo que recebeu da sentença anterior e relê-la várias vezes até ter absorvido e "tomado posse" do conhecimento ou da verdade que contém...

Todos os inventores, artistas, homens de estado (embora existam muito poucos destes atualmente), homens de negócios poderosos etc. conhecem essa "fonte" secreta. Eles vêem claramente o que optaram por criar no campo de vida que escolheram.

Alguns indivíduos parecem conhecer este poderoso princípio de forma inata. Outros — como eu mesmo e possivelmente você — descobrem esse princípio por tentativa e erro. A chave dourada é descobrir o que você quer e mantê-lo fixo em sua mente ou sua alma. E quando você fizer uma lista do que deseja, escreva a sua *primeira e mais importante* meta ou desejo e depois aqueles que são menos importantes — com detalhes...

Condicionadas pela ética do trabalho árduo, muitas pessoas pensam que precisam trabalhar até alcançar a grande meta. Anotam a lista de coisas que desejam no momento — das menores para as maiores e o que mais querem fica no final da lista! Eu estava fazendo isso até que um bom amigo, extremamente bem-sucedido, pegou-me em flagrante e me explicou que eu precisava pôr como número um da lista o que eu queria tão intensamente que quase podia sentir seu sabor. Compreendi de imediato o princípio e rapidamente mudei minha lista, revertendo a ordem e colocando o que eu mais queria no alto — no primeiro lugar da lista. Seis meses depois, como eu havia pedido por escrito, saí de um estado de pobreza abjeta vindo a ter minha primeira casa, um carro de luxo e passando a receber um bom salário. Os números um, dois e três, todos tornaram-se minha realidade tridimensional — enquanto meus outros desejos menores desapareceram ou saíram da minha consciência. Essa foi uma lição tremendamente importante para mim — e uma lição que jamais esqueci!!

Saiba o que você quer e fixe-o como a sua realidade física dentro de um prazo conveniente de tempo. O universo sabe como orquestrá-lo. Seu trabalho é simplesmente saber o que quer e dar a seu grande desejo suficiente energia impetuosa para ativar sua visão! Veja sua alma gêmea em tantos lugares familiares quantos puder imaginar. Veja-se falando com ela, andando com ela e indo aos seus lugares prediletos com ele ou ela, ou veja-se segurando-o ou segurando-a nos braços e sendo suavemente acariciado por ele ou ela e retribuindo as carícias de sua alma gêmea...

Aproveite e agradeça pelas suas emocionantes e prazerosas fantasias e saiba realmente que acelerará o processo natural de estar com a *alma gêmea perfeita quando agir menos e visualizar mais.*

♥

Capítulo 14

Eu Quero Versus Eu Não Quero

Dentro de uma "consciência social" as massas respondem ou reagem negativamente às suas experiências diárias. Há uma forte tendência das massas a fazer uma abordagem ou uma observação a partir do princípio negativo. Crianças pequenas são educadas diariamente com um "não" de advertência gritado para elas durante todo o dia; assim sendo, quando elas crescem, um estado negativo de consciência lhes parece normal.

Ao mesmo tempo, o universo, pela sua própria natureza, não pode pensar ou reagir a qualquer pensamento ou situação de modo negativo. Temos de ser gratos pelo fato de o universo apenas entender a *inclusão* de tudo o que pode deduzir ou resumir. Ele só conhece o "sim". A partir da verdadeira perspectiva universal, o "não" não existe. Cada vibração ou movimento universal isolado é ajustado para um *sim*! Dessa forma, nossa ingênua família humana finalmente terá de "amadurecer" e acompanhar o fluxo universal — em vez de ir contra a nossa preciosa corrente de vida. Aprenda a dizer sim, SIM — alto e forte!!

As crianças que ouvem o "não" dezenas ou centenas de vezes por dia — até mesmo antes de começarem a falar — são por esse procedimento imersas na atitude ou perspectiva pessoal do "não". Isso significa que, em vez de aprender a existir "para" alguma coisa — ter vida ou energia para o que querem ou desejam —, por natureza elas tendem a ser antiisto, antiaquilo, contra isto ou aquilo. Isso significa que a preciosa energia humana ou a perene corrente mantenedora de vida está sendo desperdiçada ou dissipada. Os filhos imitam os pais. Cegos conduzem cegos!

Visto que a universal *Lei do Foco* propala que aquilo em que você se fixa se torna cada vez maior, quanto maior o tempo e a intensidade da sua concentração na situação negativa — mais ela se amplia. Esse mesmo conhecimento nos foi dado há aproximadamente 2 mil anos na advertência: "Não resistais ao mal", pois o grande Mestre Jesus conhecia a lei. Ele entendia que, quando você reage contra alguma coisa, automaticamente *você lhe dá mais vida!* O segredo é não dar atenção a todas as aparências negativas. Em vez disso, você sabiamente se concentra no modo como quer que as coisas sejam — *não no modo como as coisas são!* A escolha é sua; portanto dê energia ao que você quer.

Repito mais uma vez — ninguém nos ensinou essa verdade na escola, no entanto, ela é um dos absolutos constantes do universo. *Quando volta a sua atenção a alguma coisa, você lhe dá mais vida!* Quando você retira sua atenção de alguma coisa — ela já não pode viver em seu mundo.

Sim, sempre existe um "retardamento de tempo" no processo de o "invisível" tornar-se visível. Assim, de forma análoga também existe um retardamento de tempo no processo de o visível (aparências) desaparecer ou tornar-se "invisível" novamente!

Se analisar isto com profundidade — cada novo momento é semelhante a um montículo de terra feito pelas toupeiras. Você pode transformá-lo numa montanha de negatividade ou numa montanha de total prazer ou bem-aventurança positivas. Você tem essa escolha ao menos de 50 mil ou 60 mil vezes por dia, já que esse é o cálculo dos cientistas que atestam termos aproximadamente essa média de pensamentos *por dia!* Cada pensamento pode crescer tornando-se um bom sentimento e deliberada elevação do *self* — ou pode crescer, tornando-se uma cloaca de raiva, sofrimento, julgamento, culpa, remorso etc. se optarmos por isso. E, felizmente, ninguém pode fazer essa escolha por você — embora muitas pessoas, ou cultos religiosos, governos e até mesmo grupos científicos tentem fazê-lo. Portanto, a justiça absoluta rege cada um e tudo — pois no "devido tempo" quaisquer boas escolhas ou quaisquer "más" escolhas sintonizam-se com você algumas vezes; no que parecem ser momentos muito inoportunos. Todavia, a *Lei de Causa e Efeito* "pode trazer e trará sua alma gêmea até você... ou a manterá à distância de um braço — até que ambos estejam equilibrados como "companheiros de vibração".

Você pode começar neste exato momento a observar cuidadosamente todos os seus pensamentos diários. Não se castigue se surpreendentemente pegar-se oferecendo reações negativas ao universo — em vez de ações positivas. No devido tempo, seu "velho passado" — inclusive eventos negativamente carregados de vidas passadas — se harmonizará com você...

A partir desse momento — toda a sua vida será *conscientemente* o que você pedir que seja! Seu destino sempre esteve em suas mãos — mas você nunca soube disso antes. Quando se sabe com absoluta certeza que cria cada partícula da própria realidade diária — deixa-se imediatamente de fazer o papel de "vítima", pois sabe-se que a contabilidade do universo é exata — e o que se "deu" à vida num passado remoto ou recente, a vida dará de volta em sua vida presente ou no futuro eterno.

Você nunca poderá atrair sua alma gêmea para seus braços se se mantiver concentrado no fato de que não quer ficar sem ela! Em vez de fazer isso, simplesmente concentre-se muitas vezes mais e por muito mais tempo no fato de que logo estará com a alma gêmea que você mesmo se destinou!

Aprenda a dizer deliberadamente *"eu quero"*. Refreie qualquer impulso ou desejo de expressar mental ou verbalmente o que *você não quer* nunca mais! Se fizer isso — a alma gêmea que você quer logo estará caminhando feliz ao seu lado. *Que assim seja!*

♥

Capítulo 15

Seja um Companheiro de Vibração para a sua Alma Gêmea

Este e os próximos três capítulos estão destinados a fazer você se conhecer melhor! "*A ti mesmo deves ser verdadeiro*" significa estar diretamente em contato ou em alinhamento exato com quem ou o que você é. Não significa que você esteja saindo de um estado negativo para viver repetindo a si mesmo e a todos à sua volta que "este sou eu" — ame-me pelo que sou. Ninguém sente afeto por um comportamento desagradável ou brutal, ou pela negatividade à sua volta. Sente-se afeto pelo deus ou deusa dentro de cada um — ou pela ordem divina que você se preparou para ver além do caos.

Outro conhecimento nunca ensinado a você na escola é que, num nível espiritual, os semelhantes se atraem! Entretanto, quase todos sabem que a física tridimensional dita que num nível físico ou de "partícula/massa" os opostos se atraem — ao passo que todos os "semelhantes" se repelem. Positivo repele positivo e negativo repele negativo — simplesmente porque no nível do universo elétrico a eterna Lei de Atração e da Repulsão não existe! Portanto, ao construir-se a massa ou a forma física a dualidade é exercida e um negativo (menos) e um positivo (mais) são sempre necessários. A "realidade" física concreta funciona dessa maneira. Nosso mundo exterior ou *concreto* é formado ou construído dessa maneira desde o corpo do próprio universo até a mais minúscula partícula que nossos cientistas foram capazes de desvelar ou perceber.

Entretanto, cada mínima parte da realidade tridimensional concreta foi erigida a partir do reino magnético *sutil* ou campo da mente que subjaz a todo átomo da substância. Então o que é verdadeiramente mais poderoso — o mundo concreto *que é* — ou o mundo sutil da mente — *que vê os novos mundos como eles serão?* Naturalmente, o mundo sutil.

Almas gêmeas são atraídas uma para a outra através das vibrações sutis muito tempo antes de se estabelecer entre elas o contato físico! Emanações sutis partem da sua alma — não do seu cérebro físico. O seu cérebro nunca pensa!! É apenas um computador divinamente construído. E como qualquer computador — o que você insere nele é o que dele recebe. A *mente* é uma força da alma que permeia e mantém todas as coisas do universo interagindo num único campo de vibração!

Você nunca ouviu o antigo ditado que diz "Cada qual com seu igual?" Esse antigo axioma traduz um conhecimento dos sábios da Antigüidade, que estudavam o movimento ou os princípios universais. Num nível interior ou espiritual sutil, os semelhantes são atraídos pelos semelhantes. Ladrões e malfeitores se unem a ladrões e malfeitores, pois automaticamente são atraídos uns pelos outros. Corações e mentes nobres passam o tempo com outros corações e mentes nobres!

Portanto, se você quer que sua alma gêmea seja protetora, tolerante e divertida — você também precisa cultivar uma vibração de proteção, tolerância e alegria. Pois a sua alma gêmea tem de ser o que você é! Ela não pode ser diferente! A sua alma gêmea será parecida com você. Você gosta do seu jeito de ser? Poucas pessoas gostam — pois estamos imersos num campo vibratório pesado e denso de culpa e arrependimento que provém do primeiro ponto da concepção humana. Nossos pais estão carregados de culpa e arrependimento e a consciência humana coletiva que nos rodeia dia após dia está repleta de terríveis ondas de culpa e de arrependimento estagnante. Só quando amadurecemos e rompemos esse mundo vibracional de culpa intensa, sabemos repentinamente que somos mais do que nossos cérebros, mais do que nossos gens, mais do que nossos corpos — somos deuses e deusas...

Quando você sabe que é uma deusa ou um deus, então sua alma gêmea precisa ajustar-se à sua vibração. Ele ou ela também será um deus ou uma deusa consciente!

A palavra-chave muitas vezes repetida neste capítulo é *"consciente"*. Pois, a menos que você perceba ou esteja consciente de algo, esse algo não tem realidade autêntica. Os próximos três capítulos se destinam a ajudá-lo a perceber conscientemente o que você está *pensando, sentindo e dizendo* a cada momento do seu dia-a-dia. À medida que perceber mais e se tornar mais consciente, a sua alma gêmea também captará conscientemente o seu sinal e localização e se fundirá com muito mais alegria e de modo imensamente mais fácil na sua corrente de vida!

♥

Capítulo 16

Preste Atenção ao que Você Pensa

Mesmo que nossa mente esteja participando da corrente constante de tagarelice é possível treiná-la para perceber os pensamentos de forma *consciente*. Você pode realmente treinar sua mente da mesma forma como os mestres yogues ensinam seus estudantes de Raja Yoga a obter gradualmente o domínio pessoal e a alcançar a iluminação. Entretanto, você não precisa ir a uma escola de Yoga para aprender a sutil arte de dominar uma "mente selvagem, descontrolada". Em vez disso, você pode começar imediatamente a monitorar os pensamentos que surgem na sua mente no momento em que entram em seu cérebro. É onde têm início todos os "montículos de toupeiras". É o momento em que você escolhe hospedar ou "entreter" aquele pensamento particular — ou jogá-lo fora como se fosse um carvão em brasa na sua mão!

Quanto mais você se concentra num pensamento, mais neurônios seu cérebro ativa — e mais formulado esse pensamento se torna. Se você está consciente de seu pensamento e ele não lhe causa boa impressão — por que dar-lhe outra minúscula fração do seu poder? Por que descarregar a bateria divina do seu ser com pensamentos que não são elevados, realizadores ou dignos de sua atenção?

Pela sua própria natureza, a mente gosta de agitação e quer mover-se para campos de ação ou de excitação — pois isso a anima. Você pode aprender a domar sua mente como doma um cavalo selvagem! Você pula sobre ele e retém as rédeas antes que ele possa disparar para pastagens selvagens! Você tem de fazê-lo no momento exato em que toma conhecimento do pensamento em sua mente. Um medo ou uma dúvida podem alcançar proporções consideráveis em segundos, se você alimentar esse medo ou essa dúvida continuando a dar-lhe atenção. Entretanto, em vez de se concentrar no "não" — que apenas tornará o pensamento inquietante maior, concentre-se num "sim"! Permita que sua mente saiba que você é o mestre e ela seu servo — e não o contrário. Rapidamente afirme "sim", eu terei abundância — ou eu logo serei amado por uma alma gêmea divina... e continue a energizar todo o prazer que o pensamento que você substituiu tão depressa lhe dá — até que esteja pronto para passar a outros pensamentos.

Compreenda aqui também que você não é mais sua mente, ou mais os seus pensamentos, do que você é seu cérebro ou seu corpo — da mesma forma que não é o presunto com ovos que talvez tenha comido no café da manhã. Você é uma deusa ou um deus — feito à exata imagem do Criador, portanto, você pode ou consumir qualquer parte da mente que deseje ou digerir qualquer pensamento que o atraia. Ao ser criado, você foi destinado a ter poder sobre sua mente e sobre seus pensamentos. Pelo fato de ser divino e imortal você pode selecionar os estados ou pensamentos mentais negativos, *se optar por fazer isso.*

No entanto, se pensar que não é suficientemente bom para ter uma alma gêmea, você está certo com relação a isso — embora este seja um pensamento equivocado! A sua alma gêmea não aparecerá pois ele ou ela sabem que você não corresponde a eles quanto à vibração. O que você pensa é o que cria o *seu* próprio mundo. *Analise o que você pensa* e transforme aquele montículo de toupeira numa grande montanha de prazer. A escolha realmente é sua!

♥

Capítulo 17

Observe o que Você Diz

Inúmeras amizades são destruídas por palavras impensadas ou insensíveis. Inúmeros negócios "não se realizam" por exigências expressas sem a devida avaliação. Inúmeros casamentos ou relacionamentos são desfeitos abruptamente por pessoas que não controlam sua língua... É por isto que o ser supremo da Índia, conhecido como *Sai Baba* declara que uma língua viciosa pode ferir outra pessoa mais do que a ferroada venenosa de um escorpião. Sai Baba também declara que, apenas quando sua língua for totalmente inofensiva, ser-lhe-á dado o maravilhoso poder que reside em todos os deuses e deusas! Enquanto isso não acontecer você não tem condições de receber tanto poder!

Uma língua solta fere qualquer pessoa que esteja na linha de fogo! Uma vez pronunciada, uma palavra negativa não pode ser retirada, pois ela vive para sempre no campo vibratório dos que a ouviram — mesmo que eles *conscientemente* "perdoem e esqueçam"!

Essa é uma pequena idéia do que sua palavra pode fazer... Ela pode elevar alguém a grandes alturas ou pode motivar um ouvinte a sentir-se terrivelmente humilhado, desesperado ou tremendamente culpado — e, em alguns casos, com desejo de se suicidar!

Quem manipula esse poder verbal? Você. Você pode abalar mundos com suas palavras. Você pode inspirar novos mundos com suas palavras. Você pode dramaticamente alterar os outros ou a si mesmo através da auto-sugestão! As suas palavras podem trazer grande liberdade ou colocar você numa prisão infernal...

Acaso não é sensato prestar atenção ao que se diz? Em outras palavras... você pode estar consciente do que passa pelos seus lábios e se irradia para o campo vibracional que o cerca, da mesma maneira que você pode treinar-se para monitorar seus pensamentos.

Na verdade, o meio mais sábio e eficaz de estar totalmente certo de que você está dizendo o que de fato quer dizer — em vez de tolamente manifestar o que seu cérebro parece impeli-lo a dizer — é voltar ao primeiro passo — entreter apenas os pensamentos que fazem você e os outros sentir-se bem. Ponto!

Por outro lado, se pensar uma coisa e disser outra — o seu cérebro acabará ficando saturado e durante um momento de grande tensão emocional tristemente deixará escapar o que você na verdade andou pensando! E, como se costuma dizer, "depois que se deu com a língua nos dentes", é tarde demais. Ou, depois que o ladrão entra na casa, é tarde demais para trancar a porta.

Estou certo de que você tem um desejo genuíno de atrair sua alma gêmea para si — portanto, se analisar cuidadosamente o que diz, cada uma das suas palavras ganhará força. Então quando você declarar com grande sentimento: "Invoco minha alma gêmea para que ela entre no meu fluxo de vida dentro dos próximos trinta dias"... suas palavras vibrarão pelo universo e sua alma gêmea ouvirá e se moverá rapidamente na sua direção.

Quando isso acontecer, você terá conquistado o poder, pois terá aprendido deliberadamente a *analisar o que diz*. Suas palavras são uma bênção real e curam em vez de ferir ou lograr os outros. Quando você ouve com cuidado, automaticamente também fala menos e, quando fala, as cabeças se voltam para ouvir o que você tem a dizer. No devido tempo, quase todos ignoram um tagarela.

Sua alma gêmea será um reflexo de você; assim sendo, transforme esse espelho em algo que dê prazer de olhar. *Analise o que você pensa, analise o que você diz e analise o que você sente*. O mundo inteiro está ocupado observando você — inclusive a sua alma gêmea.

Uma última dica que pode livrá-lo de uma vida inteira na ignorância provocada por você mesmo... Nunca faça a afirmação tantas vezes ouvida: *"Eu não sei!"* Policie-se até que ela desapareça do seu vocabulário.

Ao contrário, diga *"Com o tempo saberei"* ou *"Pergunte-me sobre isso depois"* ou qualquer outra coisa apropriada. Literalmente você *começará a saber* quando cessar de afirmar *"Eu não sei!"*. Tenha consciência de cada afirmação que saia da sua boca ou *da sua mente!*

♥

Capítulo 18

Analise o que Você Sente

Aqui a mensagem é perceber cada um dos seus sentimentos — é não negar o que está sentindo! Reconhecer cada sentimento isolado que vibra através do seu ser é sinal de sabedoria. Pois, se você reprimir o que sente, esse sentimento acabará por juntar energia e explodir como violência, raiva ou depressão, durante uma experiência que nem sequer remotamente tem relação com seus sentimentos reprimidos.

Como uma "personalidade" humana, você atua através do seu ego, particular e único, ou de partes do seu ego. A sua personalidade é composta de um corpo *mental*, um corpo *emocional* e um corpo *físico*. Devido ao aspecto universal de "espelho" ou reflexo, esses três corpos tridimensionais são reflexos perfeitos ou duplicatas do seu *espírito* divino (mental), da sua *alma* (emocional — também conhecido globalmente como astral) e do seu corpo *etérico* (físico) respectivamente. Para tornar mais claro: o seu corpo etérico é a sua impressão elétrica. Ele é visto com nitidez como um campo áurico colorido por meio da fotografia *Kirlian*.

O seu corpo emocional ou "o que sente" é como um mecanismo "de prevenção contra falhas" que alerta você para o fato de que alguma coisa está errada com o seu modo de pensar ou com a sua situação ambiental. Você e eu temos esse surpreendente "termômetro emocional" ou "garantia sentimental", que pode revelar com exatidão como nos sentimos em cada experiência isolada de vida que nos cause impacto. Esse é o mais inacreditável e confiável sistema de orientação que possuímos. Ele está fortemente associado à nossa capacidade intuitiva. Ele não tem preço e está além de qualquer comparação mundana!

Aqui também você pode aprender a "examinar as águas" de qualquer *sentimento* pessoal, grupal, nacional, planetário ou universal que vier a ter. Você pode aprender a classificar cada impacto que sofrer por meio de uma pergunta pertinente... *"Isso me parece bom?"*

Se não for bom, por que desperdiçar mais uma unidade de energia com isso? Sua confiável orientação interior está lhe dizendo claramente que a experiência não é para você.

Desde que aprendi esse surpreendente princípio universal, o credo ou caminho de toda a minha vida se foi condensando até chegar a uma clara autodeterminação. *Eu faço o que gosto — e gosto do que faço!*

Você consegue imaginar qual é a sensação de realizar um "trabalho" repleto de amor (que na verdade é uma diversão), lidar e conviver com amigos, amantes e sócios de negócios amorosos, conscientes ou iluminados? A isso é que eu chamo virar seu mundo de cabeça para baixo! Isso é que é na verdade criar seu destino — em vez de ser arremessado em círculos ou jogado de um lado para o outro pelos ventos cruéis da sorte!

A *sorte* se manifesta quando você perdeu ou entregou o controle de sua corrente contínua de vida; o *destino* se manifesta no momento em que você passa a tomar conta da sua vida — quando você assume total responsabilidade por todo pensamento, sentimento, palavra pronunciada e ação que parta de você! E este é de fato um mundo repleto de diversão — um mundo cheio de abundância, alegria e o amor de uma alma gêmea — *se você optar por ele!*

Comece agora a usar *conscientemente* a sua segurança emocional. Pergunte a si mesmo: qual é a sensação? Se a sensação for boa, seu sistema interior de orientação está impelindo você para a frente. Se estiver recebendo uma carga negativa, mude imediatamente de rumo. Em seguida, mova-se na direção do que o faz sentir-se bem ou melhor no momento seguinte — e no seguinte, e no seguinte, *ad infinitum!*

Não se trata de uma licença para seguir quaisquer sentimentos que você sabe serem nocivos e irresponsáveis por natureza. Ser responsável provoca uma sensação boa, ao passo que ser irresponsável não!

O herói que entra correndo numa casa em chamas a fim de salvar uma criança em perigo sabe que é melhor arriscar sua vida do que recusar-se a agir por estar com medo. A regra primordial e na qual você pode confiar em todas as situações de dúvida é agir de acordo com o mais elevado princípio de que tenha consciência — pois isso fará você sentir-se o melhor...

De outra perspectiva altamente pertinente, a palavra inglesa *good* é uma corruptela da palavra *God* (Deus). Portanto, quando se sente bem você está se sentindo Deus! Assim sendo, tenha sempre consciência do que de fato é o melhor — aja de acordo!

Se amar e ser amado por uma alma gêmea faz você se sentir muito, muito bem, você sabe o que tem de fazer!

Eu repito — *vá em frente!*

Capítulo 19

Desejo por uma Alma Gêmea Versus Resistência a uma Alma Gêmea

Você já está consciente de que a velocidade da criação está em proporção direta ao desejo e inversa à resistência! Quanto maior for o desejo e menor a resistência tanto mais imediata resultará essa *criação*. E o inverso é igualmente verdadeiro. Quanto maior a resistência e menor o desejo, mais tempo levará para se ver algum resultado criativo. Todos nós estamos irrefutavelmente presos a esse princípio.

Portanto, você precisa determinar o quanto quer que sua alma gêmea apareça em seu fluxo de vida neste momento — ou quanta resistência esse pensamento surpreendentemente traz a você. Se está em dúvida sobre como defender sua posição`— simplesmente pergunte a si mesmo o que é melhor. O pensamento de que sua alma gêmea entra no seu fluxo de vida parece-lhe melhor do que o pensamento de que ela não entra?

Ao fazer honestamente a si mesmo essa pergunta, pode surpreendê-lo o fato de você sentir uma pequena resistência — ou mesmo uma súbita e forte resistência a essa possibilidade. Se existe resistência, o próximo passo é analisar de onde ela está vindo. Com grande freqüência, toda resistência a ter algo muito bom em sua vida provém de um sentimento de indignidade. Valor pessoal com freqüência é um problema que aflige quase todos nós, visto que, por ignorância, nossos pais nos condenaram por não fazermos corretamente nossas lições de escola, ou por falharmos não vivendo de acordo com suas expectativas. Talvez também tenhamos estabelecido metas mais elevadas do que as que poderemos alcançar, e assim nos sentimos indignos de ter o que queremos. Pode haver um trilhão de razões justas pelas quais os eventos e as circunstâncias do passado formaram ou forjaram nossa opinião sobre nós mesmos de modo negativo. Se a resposta não surgir conscientemente sobre o porquê de estar opondo resistência ao que fará você sentir-se bem, há um modo muito eficiente de superar essa resistência.

Se desejar uma alma gêmea faz você *sentir-se* melhor e mais forte do que não desejá-la — confie em seu sentimento e comece a trabalhar imediatamente na diminuição de sua resistência. Na verdade, isso é fácil de fazer... Comece por avaliar todas as boas coisas sobre estar com sua alma gêmea. Transforme todos esses "montículos de toupeiras" em montanhas! Mantenha-se concentrado poderosamente *no que você quer* — não no que você não quer. Aos poucos, o que você não quer terá cada vez menos importância — até desaparecer inteiramente da sua consciência. Continue a alimentar cada vez mais o desejo de estar com sua alma gêmea, acrescentando mais interações agradáveis com ele ou com ela. Há incontáveis eventos que você pode imaginar que está desfrutando com ele ou ela.

Ao mesmo tempo, use o *contraste* de não estar com a sua alma gêmea como um trampolim para aumentar seu desejo de estar com essa pessoa tão especial. Você sabe como É não estar com sua alma gêmea — portanto, vire seu mundo de cabeça para baixo e use sua imagem divina para ver e saber qual é a expressão de sua alma gêmea quando está olhando profundamente em seus olhos. Ele ou ela está sorrindo? Você deve estar...

♥

Capítulo 20

Sinta a Vibração da Sua Alma Gêmea

Este é um universo de vibração. Tudo ao seu redor pulsa e palpita com vida. A sua alma gêmea palpita com vida... Você pode senti-la?

Talvez leve algum tempo até você senti-lo ou senti-la, mas, quando o fizer, você desejará obter esse toque e esse sentimento de êxtase sempre mais. Os seus primeiros esforços podem não estabelecer o contato com a sua alma gêmea, mas continue tentando. Qualquer pessoa que persiste em geral consegue obter tudo o que deseja no tempo certo. Se seu desejo for suficientemente forte, você conseguirá.

Talvez ajude saber que não importa onde sua atual alma gêmea ou "companheira de vibração" está no planeta. Seu sentimento transportado na onda do pensamento pode atingir até mesmo a mais remota das estrelas se sua alma gêmea morar lá. Não entre em pânico — eu sei o que estou dizendo!

Felizmente, sua alma gêmea está num corpo humano do sexo oposto e, quando for o momento, ela estará se aquecendo fisicamente no seu espaço, *quando você o permitir*. Os meios atuais de transporte e comunicação literalmente anularam todo o tempo e o espaço na Terra. Dentro de alguns anos as pessoas também estarão literalmente falando frente a frente com suas almas gêmeas em países muito distantes por meio de uma tela de computador, tendo o seu primeiro prazeroso encontro que, provavelmente, fará seu coração bater como louco! Depois disso, a função terrena de reduzir a distância entre as pessoas será muito fácil...

Agora, seu trabalho divertido é estender seu sentimento através do espaço e do tempo — assim como as ondas de rádio e de vídeo, e tocar o coração e a alma da pessoa a quem você ama. Você pode fazer isso — mas em primeiro lugar você precisa *saber* que pode.

Eis aqui mais esclarecimento sobre como isso é feito. Quando você envia um *pensamento* para a Lua ou para qualquer outro lugar no vasto espaço, esse pensamento segue uma linha espiral diretamente até a Lua, e uma linha de luz segue rapidamente atrás dela. A velocidade da luz é muito mais lenta do que a velocidade do pensamento. Contudo, finalmente, o retardamento de tempo é rompido e essa onda carregadora de luz atua como uma linha de comunicação pessoal e direta entre você e a Lua — ou entre você e alguma coisa ou alguém em qualquer parte do tempo e do espaço universal. Releia este parágrafo até tê-lo entendido totalmente. Ele explica como você pode enviar um pensamento à sua alma gêmea e estabelecer em seguida uma onda carregada de luz que você pode sentir ou perceber. É assim que funciona a telepatia ou a intuição! Qualquer pessoa suficientemente sensitiva a outra (em geral devido à familiaridade) pode "captar" pensamentos, sentimentos e muitas vezes imagens (clarividência) de pessoas ou acontecimentos com que tiver compatibilidade de vibração...

Agora você já deve ter compreendido que, quando estabelece deliberadamente uma onda carregada de luz por meio do seu pensamento direcionado para a sua alma gêmea, ele ou ela pode sentir ou pensar diretamente em você também! *Agora pense apenas sobre onde você está e qual é a sua posição!* Por meio de um pensamento bastante inspirado você virtualmente criou uma linha aberta de comunicação entre você e sua alma gêmea. Isso significa que desse momento em diante — a menos que use técnicas deliberadas como as que descrevo no meu livro, *A Sala Mental dos Espelhos — Uma Nova Técnica de Autoterapia**, para *romper* essa conexão etérica — você agora está *"plugado"* à sua alma gêmea e ele ou ela a você!

Não só a sua alma gêmea, mas também qualquer coisa, tudo neste nosso vasto e maravilhoso universo está à distância de um pensamento, de um sentimento, de um toque da mente. Você e eu fomos criados intencionalmente para sermos criadores *intencionais*! Estamos funcionando como "postos avançados" do nosso Criador, que "bebe" aquilo que criamos. Temos permissão para criar mundos ou universos inteiramente novos — *à medida que aprendermos como fazê-lo, naturalmente* —, assim, em comparação, a criação ou materialização física de nossas almas gêmeas torna-se fácil.

Se você for sábio — e estou apostando que é (afinal, você está lendo este livro, não está?) —, mentalmente irá procurar agora a sua aparentemente ilusória alma gêmea com grande sentimento de amor! Quando um contato for estabelecido haverá o registro de um "clique" muito sutil. E a partir desse ponto, em qualquer nível a que você ou sua alma gêmea conseguirem "se elevar", vocês se comunicarão um com o outro até certo ponto à vontade. Essa caça é real e as recompensas de uma boa caçada sempre valem a pena!

---

* Publicado pela Editora Pensamento, São Paulo, 1998.

Capítulo 21

Almas Gêmeas São o Reflexo uma da Outra

Quando se iniciar a sua maravilhosa fusão com sua alma gêmea, você se surpreenderá com o quanto vocês gostam de fazer as mesmas coisas juntos. Em geral, ele ou ela gostará da maioria das coisas de que você gosta — e amará a maioria das coisas que você ama.

Você descobrirá um interesse comum no fluxo dos objetivos de vida — e a alegria de ousar ter novos e aventurosos sonhos juntos será intensa.

A cada dia que passarem juntos, você ficará mais e mais surpreso com o modo como vocês são o reflexo um do outro. Mesmo existindo a diferença de sexos, a sua alma gêmea e você valorizarão as coisas que de fato contam na vida com o mesmo enorme fervor e dedicação. Vocês, dois "pássaros amorosos", ter-se-ão unido porque são extraordinários companheiros de vibração.

De certo modo você pode dizer que isso estava destinado a acontecer, pois ambos, em algum recôndito do seu ser, exigiram encontrar um ao outro! Quando você assume total controle de quem e do que você é e do que pensa, diz, sente e faz, o futuro *está nas suas mãos*.

A sua alma gêmea, que reflete você, chegou ao mesmo patamar de entendimento humano e universal a que você chegou. Assim, em vez de estar desemparelhado, como acontece com freqüência em "casamentos" comuns certificados pelo estado, a sua aliança ou casamento de corações e almas transcende qualquer coisa mundana ou trivial...

Em vez de ficar batendo cabeças numa peleja ditada pelo ego — almas gêmeas cooperam mutuamente em vez de competir! As duas são mais propriamente um único ser invencível — com objetivos e compromissos comuns. Pequenas discussões banais ou diferenças de opinião ou de escolha sobre quem faz o quê são ignoradas. Em vez disso, almas gêmeas vêem-se refletidas com mais clareza umã na outra do que em qualquer outra pessoa nos seus fluxos de vida.

Em vez de atiçar a fera para que saia, como muitas vezes é o caso nos casamentos ou relações amorosas comuns — as almas gêmeas convidam o deus ou a deusa em seu parceiro a "sair e brincar" com elas.

A sua alma gêmea é o espelho mais perfeito, nítido e brilhante que você pode encontrar! É essa a razão de eu ter enfatizado várias vezes neste livro que, ao encontrar a sua alma gêmea, você estará encontrando a si mesmo!!

Você realmente gostaria de descobrir quem e o que você é? Boa pergunta! Se não gostar, descubra por que e vá à luta para transformar seu próprio *self* divino no deus ou deusa ultradivina que você é — *num nível consciente!* Se não está ciente de sua grande divindade interior, ela simplesmente não existe para você, até reconhecê-la ou dela "tomar posse" *conscientemente!*

Você é o arquiteto supremo do seu ser. Você é totalmente único. Nesse ponto, Deus nos fez todos iguais! Seja qual for o "tom" que estabelecer para si mesmo é o que a sua alma gêmea estará refletindo de volta para você.

Ninguém mais pode ou estará vibrando a *sua* nota! Felizmente, essa é uma coisa sobre a qual somente você tem controle total... Que tom você está vibrando?

♥

Capítulo 22

Estabeleça o Seu Tom

A maioria das pessoas não compreende que está emitindo um determinado tom ou nota em todos os momentos de cada dia! Outras pessoas são atraídas para você ou você é atraído para elas por causa do "som" vibracional que você emite.

Som e cor são sinônimos e se você pensar sobre isso quase poderá ver um cor-de-rosa celestial ou um dourado suave ao redor de cada pessoa alegre. Na outra extremidade do espectro você quase pode ver uma névoa cinzenta manchada ou uma nuvem escura ao redor de alguém que esteja desanimado ou cheio de desespero. Há uma cor vermelha intensa e repulsiva ao redor de alguém que esteja muito zangado... Quer você saiba ou não, sempre está atraindo ou repelindo pessoas — pois em algum nível todos respondemos a cada um e a todos os tons à nossa volta. Estamos mais conscientes de seus *tons* mais intensos.

Naturalmente, as pessoas têm tons maiores e menores — algo bastante parecido com o que aprenderemos em música. Todos nós somos um grande composto de muitos sons e ecos — que formam juntos um tom ou nota principal. Todos nós temos o poder de alterar nosso tom quando bem queremos. O processo é simples... Mudamos a nossa sintonia — ou seja, mudamos o foco da nossa atenção.

A sua alma gêmea merece o melhor — sendo assim, você pode agradar tanto à sua alma gêmea quanto a si mesmo quando reajusta seus acordes dissonantes e se torna repleto de harmonia agradável. Como você pode realizar essa transmutação ou transformação tão desejável? Isso é mais fácil do que você imagina. Você já foi exposto a esse processo nos capítulos anteriores. Você simplesmente segue seu desafio emocional e continua perseguindo *o que faz você sentir-se bem!*

Pense nisso... Se você está pensando, dizendo, sentindo ou fazendo o que gosta, o seu tom deve ser muito bom! Você estabelece o seu tom através de um ajuste de atitudes. Deliberadamente, você escolhe apenas o que parece bom, momento a momento, dia a dia, até sentir-se tão bem que qualquer pessoa que se aproxima de você se sente igualmente bem! Todos nós encontramos indivíduos junto aos quais nos sentimos muito bem desde o momento do encontro. Isso acontece porque a pessoa emite um tom de elevação ou de tranqüilidade de pura felicidade humana...

Ninguém gosta de um *"resmungão"*. Nenhuma alma gêmea será atraída por um resmungão. Nenhuma alma gêmea se sentirá atraída por *você* se estiver soando uma nota de desânimo, raiva ou ressentimento. Por que alguém seria tão tolo?

Sabendo disso — você pode cultivar um tom ou nota que será atraente à sua alma gêmea e servirá para atrair a ele ou a ela com sua maravilhosa *"oferta"* sonora. Nada nem ninguém pode impedi-lo de estabelecer a nota que deseja. A nota que você emite em um momento que lhe é *"dado"* (oferecido) é exclusivamente sua. Se você desejar autenticamente um bom relacionamento com sua futura alma gêmea, escolha apenas o que for bom para você. Se algo lhe parecer bom — então é bom! Se lhe parecer horrível — afaste-se física e mentalmente, se lhe parecer apropriado. Você entrou para a experiência humana *"da carne"* para *sentir* e encontrar belas aventuras e boas experiências.

A camada densa de culpa que emite um cheiro forte e desagradável na consciência social de hoje pode fazer você adormecer ou ser hipnotizado, acreditando que é culpado, que está cheio de pecados — como algumas seitas religiosas na sua ignorância proclamam — ou que nunca será tão feliz ou merecedor de ter uma alma gêmea. Quando você despertar para a divindade dada por Deus, todas essas falsas doutrinas ou sentimentos de indignidade causados pela culpa desaparecerão. O contraste será tão forte quanto o sol brilhante aparecendo depois de um dia escuro e chuvoso!

Quando você parar de dar ouvidos à *sociedade* e ao excesso de vozes impelindo ou exigindo que você faça as coisas à moda deles — e tornar-se simplesmente responsável por si mesmo —, o tom da sua vida mudará drasticamente! Se você está num ponto de sua corrente imortal de vida em que deseja agora uma alma gêmea real, de carne e osso, ateie esse seu desejo — diminua a resistência — *e comece a emitir o seu tom.*

♥

Capítulo 23

Aqueça-se com Pensamentos Sobre a Alma Gêmea

Nada é mais benéfico para trazer sua alma gêmea até seus pés do que *aquecer-se com pensamentos sobre ela!* Quando você mergulha totalmente no que ama, o seu som de alegria chega aos confins do universo.

Há muitos anos um Mestre em minha vida me ensinou que *você se transforma naquilo que pensa!* Com o passar dos anos, minha experiência pessoal maravilhosa confirmou a verdade dessa afirmação. Você é o que pensa — e se você pensar sobre sua alma gêmea com freqüência, ele ou ela captará esse *"vírus"* ou onda de pensamento e começará a pensar em você. Quando isso acontecer, o poder de querer estar um com o outro se multiplicará por dois — por *quatro, na verdade;* ele não será simplesmente duplicado. Na matemática universal, *um* vezes *um* é *um* poder, mas quando dois se unem em pensamento o poder cria um *quadrado absoluto* (2×2), ou seja, o poder se quadruplica. Se três indivíduos estão unidos em pensamento (como num grupo musical), matematicamente $2 \times 2 \times 2 = 8$ vezes mais vida, energia ou poder...

Assim sendo, "ligando-se" mental e emocionalmente à sua alma gêmea, você abre quatro vezes mais o potencial de haver de imediato a probabilidade de *"sintonização"* com ele ou ela! E mesmo que este princípio universal não estivesse funcionando, o mero prazer de imaginar-se tendo aventuras íntimas e prazerosas com sua alma gêmea é compensação suficiente! Isso fará você sentir-se bem!

Quando se sente bem, você está sincronizado com o universo. Se o bem realmente significa Deus — então você está sentindo Deus e esse é o sentimento *bom* definitivo!

Reserve-se algum tempo durante o dia e dê a si mesmo um grande tratamento ao trazer mentalmente sua alma gêmea a sua presença. Trate esse pensamento mental abençoado nele ou nela como uma entidade viva que merece seu respeito e estima. Fale mentalmente com ele ou com ela e *sinta* a resposta. Pensamentos telepáticos vão e vêm em ondas vibratórias. Na verdade, sem exceção, todos os sete de nossos "sentidos" humanos e divinos são estimulados ou ativados por essa vibração. Além dos cinco sentidos normais que já leva em conta e usa, você tem mais dois, a *mente* e a *intuição*, respectivamente nosso *sexto* e *sétimo sentido*. A mente vem diretamente da *alma* — e a intuição vem do *espírito*.

Quando você continuamente reserva um tempo para *aquecer-se com pensamentos sobre a alma gêmea*, o princípio universal de "permissão" sincroniza vocês dois rumo a mais e mais tons harmônicos. Assim, aqueça-se bastante! É bom — e faz você sentir-se bem...

Capítulo 24

Medite Sobre a Sua Alma Gêmea

Se você já praticou Raja Yoga, aprendeu sobre o *"pensamento-semente"* na meditação. Se não praticou, você aprenderá sobre ele agora...

Reservar um tempo para fazer de cinco a quinze minutos de meditação passiva é enobrecedor e saudável para o corpo, a mente e a alma. Para aqueles de vocês que nunca meditaram o processo é fácil. Vá para um local silencioso e fique a sós. Pode sentar-se ou deitar-se — mas deitar o corpo durante a meditação não é aconselhável simplesmente porque a linguagem corporal está dizendo que o corpo foi colocado num estado de adormecimento. Isso é convidativo demais para você adormecer enquanto mantém sua tranqüila postura de meditação.

A meditação é justamente o contrário do sono! Mesmo que você e seu magnífico corpo humano estejam descansados e tranqüilos você programará sua mente a ficar mais amplamente desperta e atenta do que nunca. O objeto de sua meditação é tornar-se cada vez mais tranqüilo em todos os níveis físicos e mentais.

Algumas diretrizes iniciais devem ser seguidas. É extremamente importante que você mantenha a coluna reta durante a meditação... Você pode sentar-se numa cadeira ou num tapete macio no chão — ou na terra, em ambientes quentes. Você pode também sentar-se na posição de lótus da Yoga — se preferir. Você tem de descobrir qual postura é mais adequada para você. É mais benéfico você fazer da prática da meditação um ritual sempre à mesma hora do dia. Bem cedo pela manhã — assim que se levantar — ou antes de ir dormir em geral são os melhores horários. Entretanto, se você está planejando dormir *depois* da meditação, a sua atitude pronto-para-dormir pode fazer com que você adormeça durante a meditação. Por certo isso não é nocivo e tem seus benefícios — mas para obter o maior benefício de um período de meditação você desejará estar muito desperto durante todo o processo...

O seu objetivo é mergulhar cada vez mais fundo nas profundezas do seu ser interior ou alma. É simples. Controle os pensamentos do dia e permita que sua identidade como *ser consciente* calmamente entre no espaço mais suave que puder encontrar em seu ser interior.

Descanse nesse espaço suave por alguns momentos — e então, de vez em quando, tente *desconcentrar-se* para um espaço ainda mais suave dentro de você. Mantenha esse estado tranqüilo, quase *de vazio* interior, por quanto tempo puder — em seguida volte lentamente ao estado normal de consciência desperta.

Parabéns! Você teve muito sucesso em seu primeiro período de meditação. Você notará *conscientemente* como cada célula do seu corpo e da sua alma se sentem bem. Esse sentimento de grande bem-estar aumentará cada vez mais à medida que você continuar meditando regularmente todos os dias....

Eis uma outra dica! Durante qualquer período de meditação — ou hora tranqüila que intencionalmente você tenha "reservado para si" — antes de entrar no estado profundo de meditação reserve um momento consciente para sugerir mentalmente a todo o seu ser que siga a afirmação que segue. Modifique-a de acordo com seu desejo a fim de adaptar-se ao seu temperamento.

"No caso de haver um som alto ou repentina volta à consciência do meu corpo — eu me sentirei calmo e em paz — não importa o quanto o som ou incidente possam ter sido fragmentadores."

Não é necessário memorizar as palavras exatas. O importante é que você saiba que o que está dizendo conscientemente ao seu ser evitará o estado de choque que normalmente acontece se for repentinamente arremessado de volta à plena consciência do corpo. Caso contrário, se um som abrupto trouxer você de volta depressa demais, seu sistema nervoso sentirá isso como se tivesse levado um choque elétrico — na verdade é praticamente isso que acontece — em razão da física envolvida. Somos seres elétricos num universo vibracional elétrico...

Agora podemos chegar ao ponto de meditar sobre a sua alma gêmea, assim que você tenha entendido a *"meditação com semente"* — uma técnica avançada de meditação ensinada pelos mestres yogues a seus "chelas" ou discípulos.

Aqui também a meditação é simples e fácil de fazer. Neste método de meditação você seleciona um pensamento-semente — qualquer idéia, objeto ou pessoa que queira analisar em profundidade. Depois de ter feito uma afirmação pessoal de que está protegido contra choques se voltar ao corpo abruptamente demais, você acrescenta uma afirmação final pertinente, antes de entrar naquele espaço profundo e suave dentro de você...

Nessa ocasião — *você diz à sua mente consciente que agora está disposto a introduzir a semente ou pensamento da meditação sobre o grande prazer de fundir-se em consciência com sua alma gêmea durante o seu período de meditação!*

Aproveite!

Capítulo 25

Alinhe o Seu Fluxo de Energia

O fluxo universal da vida está muito além da nossa mais fina imaginação. Esse imenso poder reside no cerne de cada átomo da existência como potencial bruto que apenas necessita ser ativado para fluir livremente.

Como já dissemos, maior poder sempre significa que há menor resistência — ou, menor resistência, maior poder! O "átomo" humano (inclusive você e eu) tende a "depreciar" ou a impedir o livre fluxo da energia vibratória universal em muitos pontos ou articulações do nosso ser.

Talvez tenhamos um bloqueio agudo de energia em nossos níveis físico, mental ou emocional — e em qualquer ponto ou articulação dentro desses fabulosos "mecanismos". No entanto, faz sentido que quanto mais desses "coágulos" de energia represada encontramos e liberamos, tanto mais poder temos de criar. Mais energia e mais abundância real são sincrônicos de todas as maneiras.

Donde segue que, quando temos mais energia criativa, podemos juntar ou usar esse novo fluxo de energia dinâmica concentrada para atrair nossa alma gêmea até nós... com maior facilidade e poder.

Existem "chakras" etéricos ou centros em nosso corpo físico etérico que estão naturalmente abertos ou até certo grau ativos em todos nós — caso contrário estaríamos mortos! Você pode aprender sobre a *Ciência dos Centros Etéricos* ou "energia kundalini" em outros livros ou folhetos — visto que o espaço não permite instrução sobre esse assunto neste livro sobre almas gêmeas... No entanto, à medida que você aprender como fazer subir *conscientemente* a energia da base da sua coluna até a coroa da sua cabeça, aumentarão o seu esclarecimento pessoal e a força do seu ser.

Neste livro eu apenas guiarei sua atenção no sentido de manter os três veículos da sua *personalidade* alinhados. Isso significa uma boa integração entre os seus corpos *físico, emocional* e *mental*. Quando o fluxo passa da ótima saúde física do corpo para a boa saúde emocional e para o pensamento autocontrolado, ou seja, estreitamente integrado, você se torna uma pessoa poderosa no mundo tridimensional... Você tem mais poder e mais presença pessoal do que os que estão à sua volta! E é claro que esta é a situação ideal.

Se você tem grande saúde física mas está desorganizado emocional ou mentalmente, você está represando o seu poder. Quando você permite que suas emoções fiquem fora de controle, você está fora do alinhamento com os outros dois veículos. Quando a sua mente está dispersa ou "fora de si", você não está alinhado com seus corpos emocional e físico... e quando a sua saúde física está prejudicada, a sua saúde emocional e mental podem sofrer também. A sua alma gêmea ficará muito feliz com você se ele ou ela descobrir que você é saudável e bem equilibrado em todos os três aspectos da sua personalidade. E desde que ele ou ela é um espelho ou quase uma *"cópia a carbono"* de você mesmo — você ficará muito contente de ter despendido tempo e esforços para ficar maravilhosamente alinhado.

Quando você tiver sucesso em *alinhar o seu fluxo de energia*, suas chances de atrair sua alma gêmea até você se multiplicarão imensamente. Analise todos os três aspectos do seu ser e destaque o que precisa de atenção. Ao mesmo tempo, visto que sua alma gêmea reflete você — ele ou ela fez ou estará fazendo a mesma coisa — e ambos ficarão extremamente contentes por terem feito isso!

♥

Capítulo 26

Fantasie com a Sua Alma Gêmea

Talvez você já esteja usufruindo de algumas fantasias espetaculares com sua alma gêmea... Se não estiver, está na hora de começar a fazê-lo.

Deixe a sua imaginação à solta! Veja você e sua surpreendente alma gêmea em qualquer tipo de cenário romântico ou luz que seja capaz de visualizar. Torne isso tão real quanto puder em sua mente e no seu corpo emocional e mental! Eu digo — *realmente* faça isso!

Caso se trate de uma cena de sedução no dormitório — ou uma aventura de ser seduzido — represente completamente a sua parte. Veja, sinta e ouça a voz da sua alma gêmea, enquanto aproveita seu estranho jogo de preliminares juntos. Não há ninguém observando ou lhe dizendo o que pode ou não pode fazer. Sua alma gêmea e você estão possuindo um ao outro como a deusa e o deus que ambos são. Respeitem isso!

Você pode acender incenso, queimar provocantemente velas perfumadas, pode abaixar as luzes e deitar em lençóis coloridos de cetim ou de seda — se optar por fazer isso.

É a sua fantasia, portanto, seja tão criativo e esteja "dentro dela" quanto possa conceber e se permitir! Não há ninguém olhando sobre seus ombros ou invadindo a sua sagrada privacidade. Você e a sua deliciosa alma gêmea estão engajados num amor quente, sensual, fogoso, há fagulhas voando, é um amor arrebatador. Aproveite-o plenamente!

Vocês podem se acariciar, beijar, esfregar, olhar profundamente nos olhos sorridentes da alma um do outro, ou fazer o que tiverem vontade de fazer. Esse é o seu jogo. Você estabelece todas as regras — se é que há regras! Assim sendo, busque o limite máximo!

Você foi agraciado com uma imaginação incontrolável. Assim, faça uso dela. Fantasias podem ser um instrumento maravilhoso dos deuses e deusas! Portanto, fantasie sobre sua alma gêmea com todo o seu valor ou desejo.

Veja-se com sua alma gêmea representando qualquer papel que escolher ou em qualquer situação que agrade ou encante você. Quanto mais sensual sentir-se a respeito da sua interação com sua alma gêmea tanto maior será a empatia que você criará entre você e ela já no primeiro encontro. Use o magnífico poder da sua mente para tornar-se familiarizado com sua alma gêmea de todas as maneiras possíveis.

A fantasia que você criar hoje finalmente poderá florescer ou vicejar numa realidade tridimensional perfeitamente desenvolvida depois que vocês se encontrarem e agirem juntos. Toda fantasia pode ser uma "semente" viva que crescerá para ter uma vida própria quando você e a sua alma gêmea estiverem compartilhando momentos apaixonados juntos. Esse momento está próximo.

Minha sugestão é *imaginar mil coisas e situações com a sua alma gêmea* para satisfação do seu coração. Que assim seja, meu amigo ou minha amiga!

Capítulo 27

Goste de Quem e do que Você É

Você sabe quem e o que você é? Muitas pessoas não sabem. Por exemplo — muitas pessoas acreditam que são corpos; outras pessoas acreditam que são mentes — e outras acreditam que são sentimentos ou um ego — e muitas vezes têm seus sentimentos feridos ou seu ego magoado.

Umas poucas pessoas realmente acordaram e descobriram que são mais do que seus corpos, sentimentos ou mentes. Esses indivíduos não mais operam a partir de um nível básico ou da *personalidade*... porém de uma postura centrada na alma. Assim sendo, estas almas "iluminadas" se conhecem como almas humanas — como deusas ou deuses presos na carne humana.

Quando perguntam a elas quem são, a maioria das pessoas responde que é um carpinteiro, um negociante, um tapeceiro, um vendedor ou outra profissão qualquer — embora daqui a uma semana, um mês, um ano, ou até mesmo um dia depois possam ser algo diferente! Sempre que você disser *eu sou* — o que segue essas duas pequenas porém superpotentes palavras limita ou define temporariamente o que você é.

Em essência, *eu sou* — sempre é o que você é. Esse *eu sou* será sempre imortal ou eternamente *o que* você é. Você não pode ser menos do que isso, mesmo se tentar. Pense nisso. Reflita sobre isso!

O que você é em dado momento no tempo e no espaço é o que atrai ou repele todas as coisas, todas as pessoas, inclusive a sua alma gêmea.

Quem você é, é imutavelmente divino — um deus ou uma deusa de infinita beleza e repleta de um brilho mais luminoso do que dez mil sóis!

A *apreciação* é um dos três grandes traços da personalidade ou da alma que levam as pessoas da mortalidade à imortalidade (os outros dois são *louvor* e *gratidão*).

Quando você honestamente agradece por ser quem e o que você é, isso torna você mais generoso em todas as coisas. Minha sugestão, à luz desta revelação, é que você comece a gostar de saber como pode agora atrair sua alma gêmea para o seu lado. Quanto mais você valorizar o *fato* de que o conhecimento que está juntando aqui levará você até sua alma gêmea, mais suavemente o fluxo de ter sua alma gêmea de repente aparecerá diante de você e do seu lado.

E quanto mais você valorizar o que você é, mais a sua alma gêmea valorizará você. Se este pensamento lhe parece bom, então o que está esperando?

Eu sinceramente gosto de quem e do que você já é! Agora se você gostar de quem e do que você é, essa apreciação terá aumentado quatro vezes a dose de apreciação que está sendo sentida no universo. Acrescente a sua alma gêmea a esta equação e a enorme quantidade de auto-apreciação *mútua* se multiplicará, por elevação ao quadrado até dezesseis vezes, quantidade de apreciação que só pode ser sentida por um deus ou uma deusa.

Aprenda a dar graças pelas coisas quase incontáveis e pelas pessoas maravilhosas que preenchem a sua vida diariamente. Valorize a dádiva desta Terra como um teatro de arena onde nós, seres humanos, podemos representar esse grande drama ao qual chamamos experiência humana — juntos, pois seria um mundo triste e vazio se você ou eu fôssemos os únicos seres vivos!

Agradeça por tudo em que você pode pensar e quando a sua alma gêmea tão absolutamente extraordinária chegar — agradeça por isso também. Quando acontecer... avise-me — e eu agradecerei e darei graças por isso também.

♥

Capítulo 28

Aja com Clareza

Todos os bons criadores aprenderam que quanto maior for a clareza com que se vê o que deseja, tanto mais fácil e rápido é materializá-lo na realidade. Clareza de pensamento ou clareza de visão é de vital importância quando você estiver visualizando a sua alma gêmea.

Se você olhar para essa questão de outro ponto de vista igualmente, verá que quanto mais claro o quadro, tanto mais indelevelmente ele será impresso na sua consciência e tanto mais familiar ele será quando for visto outra vez. Assim sendo, quando a sua alma gêmea entrar feliz pela sua porta ou em seu bar favorito você reconhecerá imediatamente esse rosto familiar.

Quando você ilumina a imagem da sua alma gêmea com *"os olhos da mente"*, é imprescindível sintonizar o botão do seu rádio até a freqüência exata da estação — e não girar a roda da fortuna na esperança cega de entrar em contato com sua alma gêmea! Você não sonharia em procurar seu programa de rádio favorito no 98.6 em seu dial de FM — se ele é irradiado apenas no 101.9 FM. Você também não pode esperar transmitir repetidas vezes à sua alma gêmea se não existe uma freqüência clara ou um "tom" emitindo com clareza de cristal para ela.

Aja com clareza

Quando você transmite mental e emocionalmente seu comprimento de onda saturado com encantadoras "vibrações amorosas" para a sua alma gêmea, você espera que ele ou ela recebam sua comunicação. Caso contrário, a mensagem se perde no éter como um sinal aleatório. Isso é como arremessar uma moeda no oceano Atlântico esperando que ela chegue à terra em algum lugar perto de Miami, na Flórida — quando você está em Nova York!

Para que desperdiçar esforços ou energia que simplesmente não podem produzir resultados fecundos? Formule claramente o que quer e suas ações serão naturais e produtivas.

Se o seu plano de jogo não for elaborado com detalhes vívidos, você terá trabalho redobrado para realizá-lo. O incrível *Nicholas Tesla*, talvez o maior cientista e inventor de todos os tempos — que levou a eletricidade à maioria dos lares, fábricas e indústrias de todo o mundo —, sempre criava suas importantes invenções primeiro em sua mente, até alcançarem a perfeição primeiro. Tesla na verdade "repassava" a invenção em sua mente várias vezes a fim de ver que partes móveis podiam ser melhoradas ou aperfeiçoadas antes de finalmente construí-las em três dimensões — com quase 100% de clareza sobre os resultados das suas ações.

Tesla sabia que a máquina física ou o surpreendente novo dispositivo mecânico seriam, no "tempo e no espaço real", exatamente o que ele havia concebido na realidade virtual de sua mente concentrada. O que Tesla fez, toda pessoa na Terra está equipada para fazer, basta ter o desejo e a inspiração ou motivação para fazê-lo!

Sem exceção, cada um de nós tem acesso mental ao que o universo vibracional inteiro tem a oferecer — e o que o universo tem a oferecer está muito além do que todos nós em nossa forma humana seremos capazes de *"consumir"*.

Pense com clareza e você *agirá com clareza*. Minha proposta é que se você estiver inspirado ou motivado de alguma maneira ou em grau suficiente para fazer o que for necessário para *"estender o tapete vermelho"* para a sua alma gêmea que vai chegar — estou lhe dando *"ferramentas"* muitas vezes testadas para obter o que deseja.

Como muitos leitores dos meus livros descobriram e me contaram — eles receberam muito mais do que esperavam dos meus vários livros. O conhecimento apresentado neste livro e que você assimilar tornará você capaz de materializar qualquer coisa que queira e que deseje muito. Você pode usá-lo para trazer-lhe uma vida de tranqüilidade e de alegre abundância como você sempre sonhou que pudesse existir... Você pode ganhar poder, riquezas, saúde ótima e juventude eterna — e até mesmo a imortalidade física do corpo — se desejar isso com tanta intensidade que *ponha em uso* o que compilei para você neste livro. Por que não — você é uma deusa ou um deus e é digno de tudo o que realmente desejar — e isso inclui uma alma gêmea divina!

Aja com clareza tanto quanto puder e tantas vezes quanto puder. Mentalmente, eu o apoiarei *com toda a minha força...*

♥

Capítulo 29

Invoque e Aceite

A combinação de invocar e, depois, de *aceitar* o que você chamou, prontamente se tornará sua realidade pessoal. Quanto mais você chamar e quanto menor for a sua resistência em aceitar o que está chamando com tanta força, tanto mais rapidamente você receberá o que quer.

Se você quer uma alma gêmea, o seu trabalho é *invocá-la*, seja ela homem ou mulher. O trabalho do universo vibracional que nos cerca é *evocar* o que você invocou. Se você se abrir e *aceitar* a sua alma gêmea em sua vida, será muito simples!

Como você já sabe — todos nós estamos cheios de resistências àquilo que pedimos. Muitas vezes isso é muito sutil. Por exemplo, você pode pedir mental e autenticamente um carro novo — mas no momento seguinte você fará a afirmação: *"Mas eu não posso pagá-lo"* ou *"Ninguém me dará tanto crédito na hora de comprar!"*. Assim você neutralizou inteiramente o poder do seu desejo pela resistência igual ou às vezes mais poderosa a ter aquilo que você deseja *sem fazer força!*

Um problema advém do fato de que ensinaram à maioria de nós a pensar em termos de preto e branco, ou em termos de ou isto ou aquilo — não dando, portanto, crédito ao fato absoluto de que o universo conhece um trilhão de meios de manifestar seu carro novo para você — com a cor, o estilo, o fabricante ou o ano exatos! No entanto, se você se recusa a aceitar que o universo o faça com facilidade ou *com estilo e graça*, o universo terá de curvar-se aos seus desejos. Você é quem manda no que deseja e no que aceitará possuir. O universo vibracional é quem manda em todos os modos e meios intricados para justapor-se ou reorganizar-se a fim de *acomodar-se à sua imagem da realidade!*

Quando você chama a sua alma gêmea, você deve aceitar que ela ou ele venha até você — ou vice-versa. O universo deve ter um plano melhor de como fazer você unir-se a ela!

Você se importa com o *modo* como o seu desejo é cumprido? Se for esse o caso, por quê? Essa não é a sua tarefa. Se você está entregando essa tarefa ao universo, que atende tão incondicionalmente ao seu menor desejo — bastando que você pare de opor resistência — e é tão capaz de realizá-la, por que importar-se com o modo como o universo o faz?

Você tem o direito de se importar com o tempo envolvido... mas poderá estar navegando em "águas perigosas". Se a sua *urgência* pela materialização *imediata* da sua alma gêmea for telegrafada para o universo como um sentimento mais forte — o universo lhe enviará imediatamente uma alma gêmea, porém *ela não atenderá a todas as suas importantes especificações!* Assim, a sua "alma gêmea" entrará e sairá bem depressa da sua vida — e você perguntará: *"O que aconteceu?"* Ela parecia perfeita, mas agora se foi. Isto aconteceu porque o universo não julga; ele simplesmente responde ao que você mais manifesta: seu senso de urgência foi um pedido maior do que o de trabalhar tanto o tempo quanto o espaço para criar *exatamente* o tipo de alma gêmea que você realmente desejava.

É por isso que a clareza quanto à sua posição é importante. O universo, num certo sentido: é algo parecido com seu cérebro: um computador que responde a você — o deus ou a deusa que está convocando — e não faz nenhum julgamento. Toda resposta do universo a você é incondicional! Você estabelece as condições — e o universo responde. *Ponto final!*

Portanto, *invoque e aceite!* O que receberá permissão para conquistar o que você *sente*. Um sentimento de *carência* cancelará a abundância — e um sentimento *de urgência* pode trazer-lhe menos do que deseja — pois o que você sente com *mais força* é o que o universo terá de entregar a você! Neste exato momento, há uma grande abundância de almas gêmeas no universo a sua disposição — mas, se você quer a sua alma gêmea do jeito que a idealizou, *permita* que o universo lhe traga uma perfeita companheira de vibração — de acordo com seus desejos.

♥

Capítulo 30

A NEGATIVA Age Contra as Almas Gêmeas

O ajuste de atitude necessário para responder a esse princípio universal é tão forte que eu o estou dividindo em dois capítulos para enfatizar a importância de estabelecer de *onde* você *"está vindo"* quando faz sua *"oferta"* vibracional ao universo...

Já tocamos neste ponto anteriormente, mas agora vamos analisá-lo melhor. O universo só responde à *inclusão* — assim, a exclusão é uma oferta abstrata e sem sentido para ele. O *"não"* não está incluso no "vocabulário" ou *software* do universo. Portanto, não importa o quanto o universo busque — se parecer que você não está lhe ofertando *nada* ou *coisa nenhuma*, ele simplesmente não é ativado. E mesmo que fosse ativado acidentalmente — ele poderia insistir na busca e voltaria ao estado zero com você, sem encontrar essa coisa ilusória e *"inexistente"* para ele, ou esse nada!

O universo está em constante estado de *expansão* — assim ele não responde nem se concentra em outra coisa a não ser na soma ou na inclusão!

Enquanto isso você vive neste vasto universo — mas também como uma deusa ou deus vivo, você vive em seu próprio mundo ou aparente realidade coletiva... No entanto, pela lei cósmica, "o maior não só *contém* o menor, ele também *rege* o menor!"

Isso significa que, ao viver a vida neste grande universo incondicional, você precisa se pautar pelas suas regras. O universo *estabelece* claramente que apenas a adição ou a inclusão funcionam no seu sistema ou *hard-drive*. Então, pela sua natureza, este universo infinito apenas *acrescenta* ao que já existe nele — como veremos no próximo capítulo.

O "não" deve ter ou tem sentido para a mente limitada e para a natureza "hu-mana" ("hu" significa Deus — portanto, homem de Deus) — mas não significa nada para o universo infinito que chamamos de nosso lar *espiritual!*

A Terra é uma experiência de jardim-de-infância onde os humanóides como nós aprendem a desenvolver a consciência ou o pensamento universal — o que, naturalmente, significa *incluir sempre* (e me permitam usar uma expressão bem humana) — *não* excluir!

♥

Capítulo 31

A AFIRMATIVA Age em Favor das Almas Gêmeas

Descobrimos que o *"não"* impede que se acrescente uma alma gêmea à corrente terrena da vida humana. Obviamente, então, o *"sim"* age em favor de trazer-lhe a sua alma gêmea.

Embora todos nós tenhamos sido fortemente condicionados a ter uma grande negatividade, podemos começar hoje a cultivar uma forte atitude positiva! Isso significa optarmos por dizer *"Sim, à vida física imortal"* em oposição ao *"Não, à morte"*, pois mesmo quando você tira o "não" da última declaração — o universo ouve *"à morte"* e trata de levar você ao encontro da morte com a velocidade da sua pressa!

Dizer *sim* significa que você é *a favor* de alguma coisa! Nesse aspecto, "anti" ou "contra" nada significam para o universo acrescentar àquilo que parece tão importante a esta deusa ou deus, ou seja, *mais* energia, *mais* vida, *mais* existência.

O eterno princípio universal conhecido pelos antigos durante eras é assim ativado: "A energia segue o pensamento!" Pelo mesmo padrão — o que quer que você energize com seu pensamento persistente *tem de ficar maior* — não menor, como ignorantemente se pretendia!

Assim sendo, os ciclos humanos de reencarnação são uma realidade universal, quer você saiba e acredite ou negue este *fato* como apenas mais uma idéia falsa. Do mesmo modo, a lei ou princípio universal no qual você pensa — essa energia voltada para ele — tem de aumentar. Aqueles que hoje acordam da ignorância na Terra estão compreendendo este perene princípio universal. A alma iluminada ou sábia se concentra na solução, *não no problema!* O *problema* permanece e aumenta se você não se concentrar na solução *positiva* ou se estiver ao estado *negativo!*

Aprenda a fazer caridade a pessoas, grupos e organizações, ou a nações que estejam concentradas nas soluções — *não nos problemas!* Ser antiisto, antiaquilo, anti-seja-lá-o-que-for não só é totalmente fútil — como consome mais atenção e mais energia vital, o que naturalmente alimenta o problema!

Desenvolva a cada momento uma *atitude positiva!* Viva *por* alguma coisa — não contra alguma coisa! Este cultivo consciente ou intencional de um *SIM* ao que *é bom* na vida funcionará trazendo-lhe muitas coisas boas — como nossa jornada *juntos* neste livro, que aborda este assunto. Ele amorosamente levará você mais depressa para junto de sua alma gêmea. Que isso aconteça em breve.

Eu digo SIM a isso!

♥

Capítulo 32

Seu Desafio Emocional ou Sistema de Orientação

Aqui também enfatizamos o fato de que você e eu possuímos o que pode ser chamado de *"desafio emocional"* ou sistema de orientação, que é inato!

Dentro de cada um de nós há uma resposta quase imediata a qualquer situação, a qualquer pessoa e a qualquer coisa que encontremos, e que nos informa como essa experiência é sentida. Algumas coisas parecem evocar uma resposta tênue — portanto, continuamos a seguir o fluxo. Em outras ocasiões nosso sistema de orientação emocional nos dá uma leitura intensa de que *"isto é bom"* ou *"isto não é bom!"*

O que os psicólogos denominaram consciência reflete outro aspecto dessa mesma orientação interior — no entanto, existe uma diferença fundamental. A consciência provém da nossa psique ou alma, e o conhecimento de que algo possa ser ou parecer bom ou *"mau"* vem do nosso corpo astral ou emocional. Assim, em cada nível da nossa existência humana e espiritual somos dirigidos rumo *"ao que parece bom ou correto!"*

Se o pensamento de ficar frente a frente com sua alma gêmea lhe dá uma sensação boa, então esse pensamento é bom! A sua orientação interior está sempre certa! Às vezes, por causa da nossa formação, ensinam-nos que isto é *"bom"* e aquilo é *"mau"*, sendo que a intenção por trás da instrução é considerada boa. No entanto, existe um axioma relacionado com esse tipo de orientação... *"De boas intenções o inferno está cheio!"*

De algum modo demoníaco e distorcido, os não-cristãos eram caçados e se tornavam "cristãos instantâneos" — ou eram cruelmente torturados até declararem que acreditavam no Cristo, ou eram assassinados sem contemplação durante as Cruzadas. Até mesmo criancinhas eram sujeitadas a tortura infernal e assassinadas. Em países como a Irlanda ainda encontramos em pleno *século XXI* pessoas lutando há duzentos anos por causa de crenças religiosas, e *matando seus oponentes*. Isso acontece também entre os *maometanos, hindus, budistas* e outras nações... E os grandes fundadores das religiões como Cristo, Buda, Maomé e outros desses mestres divinos devem "estar rolando em seus túmulos" em completa agonia ao ver a imitação grotesca do que conheciam e defendiam!

Na verdade, o que os outros pensam, dizem, sentem ou fazem não é da sua conta — assim como não é da minha! A sua tarefa e a minha é seguirmos o que nos parece bom (ou Deus) — e deixar os outros seguirem o que quiserem.

Nós lideramos pelo *exemplo* — não por pregar doutrinas vazias do que se supõe serem púlpitos sagrados, ou por gritar acusações preconceituosas contra um irmão ou irmã divinos. Pense simplesmente que mundo bom e maravilhosamente diferente teremos quando cada pessoa do planeta fizer apenas o que é bom. Esse tempo está se aproximando muito mais depressa do que você imagina.

O sexo é bom? (E você pensou que eu nunca falaria sobre sexo.)

Algumas pessoas de boa intenção, mas ignorantes, declararão imediatamente que o *sexo é mau!* Deixe-me dizer imediatamente que o SEXO É BOM! Os cientistas descobriram que nas sociedades humanas — e até mesmo entre algumas espécies animais — em que a prática do sexo é irrestrita há muito menos agressão ou guerras contra outras sociedades ou dentro da própria cultura!

O *sexo é bom* — o mau uso do sexo é que é "mau" — assim como o mau uso de qualquer coisa na Terra. No passado distante havia culturas poderosas onde as mulheres tinham muitos maridos e onde os maridos tinham muitas esposas... e como esse era o costume, nunca foi julgado moralmente *"mau"*.

A idéia e a prática do casamento ou relacionamento amoroso de um homem com uma mulher são relativamente modernas em relação à idade da Terra e às muitas civilizações que surgiram e desapareceram. Portanto, é preciso um esforço consciente e autocontrole para evitar que se volte ao primitivo padrão de comportamento genético — do *"sexo livre"* com membros do sexo oposto, ou de ter um harém de homens ou um harém de mulheres para selecionar um ou uma a fim de gozar de uma relação sexual de dia ou de noite. Esses padrões de comportamento são ditados pelos códigos genéticos que são muito profundos, e estão impressos em cada célula do nosso corpo! Isso é mau? O sexo é bom! O autocontrole é bom!

É errado violar os direitos sexuais de outra pessoa, e isso sempre será errado! É errado violar sexualmente o livre-arbítrio de outra pessoa, quaisquer que sejam as circunstâncias, e isso sempre será errado!

Confie no seu sistema interior de orientação. Pergunte a si mesmo que sensação você experimenta. Se for boa, *continue nessa trajetória* e a sua vida e a daqueles suficientemente felizes para compartilhá-la — como a sua alma gêmea — sempre será boa! Use o termômetro do *"sentir-se bem"* para atrair a sua alma gêmea...

♥

Capítulo 33

O Amor Incondicional das Almas Gêmeas

A maioria dos indivíduos da massa da humanidade amontoados sobre a Terra quer uma alma gêmea simplesmente porque quer alguém especial para amar e ser correspondido nesse amor. A maioria não compreende que obterá muito, muito mais do que isso!

Num relacionamento autêntico de almas gêmeas o aspecto primordial desse companheirismo celestial compartilhado é o amor *incondicional* que as almas gêmeas dedicam uma à outra. Nesse relacionamento confiável, as almas gêmeas permitem ao parceiro ser e fazer o que quiser. Como um deus e uma deusa elas se respeitam mutuamente em vez de se oporem uma à outra — elas respeitam e apóiam essa grande divindade que vêem e sentem em sua interação com o outro.

As almas gêmeas já aprenderam que o amor *"condicional" não é amor!* Elas esperam e obtêm o amor incondicional porque são atraídas uma para a outra muito mais a partir do *"nível da alma"* do que a partir do nível da *personalidade* ou do ego básico. Elas vêem e amam a elevada qualidade de alma do outro e ignoram coisas banais a que os amantes que tomam por base o ego ou a personalidade costumam se apegar.

As almas gêmeas sentem-se *seguras* uma com a outra e, quando você se sente seguro em qualquer interação com alguém, não há necessidade de ofender o outro ou defender o próprio ego.

O amor incondicional se tornou uma marca evidente das almas gêmeas. E faz da intimidade e da convivência uma experiência única. Poder revelar-se totalmente a alguém que ama você de modo tão incondicional é viver o *paraíso na Terra!*

Você consegue imaginar, pensar, dizer, sentir e expressar qualquer coisa que quiser a alguém? Não seria esse o mais pleno relacionamento de amor ou de amizade — ou de negócios — que se pode conceber? *Sem dúvida!*

Compartilhar um amor incondicional é a pura bem-aventurança. Eu compartilho um amor assim com minha atual alma gêmea — assim como eu tive com a alma gêmea anterior, delineada e intimamente revelada em meu livro *The Soulmate Chronicles* — que será publicado em breve.

Se a idéia de compartilhar amor incondicional lhe parece atraente então invoque a sua alma gêmea e faça a experiência você mesmo. Ele ou ela está apenas à distância de um bom sentimento!

♥

Capítulo 34

Você não Pode Sentir Amor e Preocupação ao Mesmo Tempo

Minha mãe foi uma guerreira incansável! Ainda criança, eu dizia a minha mãe que ela estava fazendo mal a si mesma com toda a sua preocupação — acrescentando que eu a havia visto preocupar-se sempre com tantas coisas tantas vezes ao longo dos anos — *e que, ao final, tudo havia dado certo!*

Minha observação infantil ensinou-me cedo na vida que toda essa frenética *emoção da preocupação* é um desperdício de tempo. Minha mãe não perdeu o hábito de se preocupar até a sua morte, com a idade de 91 anos. Ela foi uma mãe que amou muito seus seis filhos, mas nunca aprendeu que *não se pode sentir amor e preocupação ao mesmo tempo!* Eu a *"abençoei"* mentalmente — sabendo que ela está em algum lugar deste universo vibracional e pode receber a minha mensagem de gratidão claramente concebida.

Felizmente, usei essa experiência apropriadamente como campo de contraste — portanto, a preocupação nunca *"bateu à minha porta"* à medida que eu amadurecia e aproveitava a minha maturidade. No entanto, a sua experiência como criança em crescimento pode ter sido diferente — visto que nossa tendência natural como crianças é imitar — e assim crescer adotando os traços de nossos pais... Se for assim, estou aqui para insistir com você que não se preocupe em ser um guerreiro incansável. Se você tem esse hábito, será capaz de liberar-se mais plenamente se compreender inteiramente que a preocupação é o oposto exato do amor! A preocupação é na verdade outra palavra para o medo! Qualquer pessoa que se preocupe muito tem muito medo!

De todos os vícios perigosos conhecidos pelo homem o *medo* é considerado por todos os sábios que encontrei como o mais perigoso de todos. Ele é o mais mortal. Onde há medo não há amor! Portanto, segue-se que onde há preocupação não há amor!

Se você quer amar e ser amado então todas as vibrações da preocupação têm de ser eliminadas do seu campo vibratório pessoal. Mas lembre-se, ao *começar* sua operação de *limpeza* (ninguém ou nenhuma causa ou circunstância externa o fez), de que foi você quem colocou seu ser num estado de não-amor, não-confiança ao preocupar-se.

Se você entender plenamente que vive num universo vibracional e que o universo está sempre captando o que você oferece — isso só faz sentido se você se preocupar — nosso universo incondicional, que não julga, vai lhe dar mais com que se preocupar — pois essa é a vibração DOMINANTE que você está lhe oferecendo! É por isso que, repito, os ricos ficam mais ricos e os pobres mais pobres ou, são meramente capazes de manter o *status quo!* Se você se concentrar em mais abundância porque a sente à sua volta — o universo naturalmente irá fazer seu trabalho e trazer-lhe mais riquezas. A pessoa pobre que se concentra em quão pobre ela é está oferecendo o tom dominante de ser pobre — e o universo, obediente, cuidadosamente faz com que ela fique nesse nível de pobreza ou de mera sobrevivência. O problema, *como você sabe agora*, não existe porque o universo vibracional seja cruel, mesquinho ou descuidado; ao contrário, ele é puro amor incondicional!

O problema é a *ignorância* em tantos níveis essenciais. Se não lhe ensinaram na infância que você é um *deus* — ou uma *deusa* —, como você pode desenvolver seu próprio valor, auto-estima e o profundo senso de responsabilidade pessoal que todos os deuses e deusas retratam?

Se você não sabe ou não aprendeu, como viver num universo puramente vibracional que sempre *reflete* para nós o que lhe oferecemos — você continuará pobre e ignorante dessas grandes verdades universais que valem a pena!

A preocupação será banida da sua porta hoje se você afirmar para si mesmo a sentença seguinte, simples e verdadeira — ou qualquer outra semelhante que seja compatível com seu campo vibracional...

"Sou uma filha divina de Deus (ou filho divino de Deus) e sou plenamente digna de todas as coisas no reino de Deus — e o que eu ofereço a este universo vibracional é o que eu recebo — e eu ofereço meu amor, eu ofereço toda a minha confiança — eu sou invencível... Que assim seja!

Sua alma gêmea reflete você; assim, se quiser uma alma gêmea livre de preocupações, abandone suas preocupações hoje mesmo.

♥

Capítulo 35

Chamado Deliberado da Alma Gêmea

Estamos lidando aqui com três palavras extraordinariamente poderosas:

1) Chamado;
2) Deliberado;
3) Alma gêmea.

Quando você reunir a essência dessas três palavras numa poderosa mistura ou fórmula — produzir-se-ão faíscas! Eis aqui por quê... Tudo o que é deliberado é necessariamente um ato consciente — assim, ele tem sua total atenção, à qual se acrescenta o poder concentrado do pensamento de uma deusa ou deus!

Em segundo lugar, quando você *deliberadamente "chama alguma coisa"* é como manter erguida uma gigantesca bandeira vermelha para o universo vibracional que o observa. Você está abertamente convidando o universo a entregar-lhe o que você está chamando tão rápida e prontamente quanto possível.

Em terceiro lugar, uma alma gêmea é uma expressão com uma enorme carga emocional e espiritual... Assim, existe um sentimento de respeito que acompanha o *pensamento* traduzindo ou transferindo um poder ainda maior!

O chamado deliberado da sua alma gêmea será, por sua natureza, um evento marcante na sua vida! Os frutos deliciosos ou o que você está oferecendo ao universo serão mais saborosos do que você pode imaginar. Estar com sua alma gêmea mudará seu mundo de um cinza-escuro ou preto retinto para um dourado luminoso e azul-celeste!

Talvez seja sábio de minha parte fazer aqui uma retratação... pois, se você não está com sua alma gêmea mas está casado ou profundamente envolvido em um relacionamento amoroso, não estou querendo transformar você num insatisfeito. Ao contrário, apegue-se ao que você tem com toda a sua força — e se vir o potencial de transformar seu *bom* relacionamento atual num relacionamento de almas gêmeas — isso é bastante possível. Mas apenas se ambas as partes do relacionamento ou casamento se dedicarem a encontrar um ao outro *no nível da alma!* E ponto final!

Caso contrário, se o seu casamento ou relacionamento não é bom — e parece sem esperanças depois de várias tentativas de entendimento — *por que insistir?*

O objetivo de toda deusa e de todo deus é seguir apenas o que seja bom! Apenas um tolo ou um masoquista aceita o sofrimento. Confie no seu sábio sistema interior de orientação!

Seja deliberado na criação da sua alma gêmea. Seja deliberado ao chamá-la até você! Seja *deliberado* em todas as coisas e você descobrirá em si uma deusa ou um deus incrivelmente desperto na Terra...

Capítulo 36

Motivação da Alma Gêmea Versus *Inspiração* da Alma Gêmea

Você está consciente da grande diferença entre estar *motivado* e estar *inspirado?* Poucos estão.

Quando está inspirado, você está sendo impulsionado para o futuro pelo ofuscante conhecimento, sabedoria, poder e ampla visão de sua alma interior ou espírito. Nesse processo você está em-espírito ou inspirado e poderosamente *impelido* rumo à sua grande nova verdade ou visão.

Oponha isso ao tipo mundano de ímpeto, quase movido a chicote, de seguir em frente rumo à meta ou linha final. Nesse processo você é motivado ou movido por uma força compulsiva rumo a algo melhor ou mais compensador e auto-realizador.

Cada um desses dois meios de chegar à sua alma gêmea é possível e eficaz. Um deles resulta do *contraste* com o que você não quer ou lhe falta — o que finalmente conduzirá você para a alma gêmea que tanto deseja.

O outro método é ser levado às alturas, profundidades, larguras do seu ser pela visão exaltada de como seria estar em algum lugar do futuro com sua alma gêmea — um quadro obviamente glorioso ou celestial.

Quando você está inspirado, seu movimento para diante não requer esforço e está no *"fluxo"* vibracional do universo. Você é *atraído* para ele ou ela. O lado positivo da Lei de Atração está puxando ou atraindo você para o tempo e o espaço em que você e sua alma gêmea terão uma conjunção poderosa, de grande impacto!

Quando você está motivado, o lado negativo da Lei de Atração repele ou empurra você, afastando-o de onde está — sentindo falta ou desejando uma alma gêmea — e levando-o para onde sua alma gêmea está no espaço e no tempo. Este caminho é habitualmente muito mais árduo e leva tempo para ser percorrido.

Inspiração é movimento com facilidade.

Motivação é movimento forçado.

Ambos os caminhos levarão você até sua alma gêmea. Nesse processo você pode escolher uma ou outra rota.

Analise-as utilizando sua orientação interior... Você está inspirado ou motivado a compartilhar seu fluxo de vida com sua alma gêmea?

♥

Capítulo 37

O Foco de 17 Segundos

Um grupo de Mestres professores chamou a minha atenção para o conhecimento relativo ao foco de poder contido no incremento de tempo de 17 segundos.

Há mais de duas décadas eu já havia aprendido, ao observar e conviver com Jack Shwartz, que uma mente deliberadamente concentrada tem amplo poder. Nós não só compartilhamos a mesma data de aniversário — mas um interesse incomum em adquirir auto-iluminação e autodomínio.

Foi para mim um privilégio e um prazer observar Jack demonstrar a enormes audiências sua capacidade de controlar mentalmente seu corpo a ponto de surpreendente e deliberadamente provocar uma ou mais feridas na pele, parar o fluxo de sangue à vontade, e então, espantosamente, curar as profundas feridas ou lacerações em menos de trinta segundos. No meu livro *Why & How of Meditation*, dedico um capítulo inteiro ao que Jack Shwartz prova sobre o que uma mente bem concentrada pode realizar.

Ao longo dos anos, Jack trabalhou para equipes de cientistas e médicos — que muitas vezes balançaram a cabeça em total descrença diante dos surpreendentes feitos que ele executava com toda a facilidade — feitos esses que desafiavam o conhecimento de nossos estimados cientistas! *Os resultados foram publicados em revistas.*

O que eu quero compartilhar com você é que, observando Jack e tornando-me seu amigo íntimo, pude perguntar-lhe diretamente como ele era capaz de executar aqueles verdadeiros milagres. Jack me corrigiu imediatamente e informou-me que não havia *milagres* ou *"magia"* em lugar nenhum do universo — somente um conhecimento maior do que o normal sobre como lidar com as poderosas leis e princípios universais! Ele riu diante da minha surpresa e disse: *"Michael, se você puder como eu manter sua mente deliberadamente concentrada durante 15 segundos em um único pensamento, você pode fazer tudo o que eu faço!"* E acrescentou que *qualquer um* pode fazê-lo.

Olhei-o nos olhos e soube que cada palavra que ele dizia era a expressão da verdade. Jack passou sua mensagem (e o faz ainda hoje).

Assim, quando conheci a fantástica verdade do princípio dos 17 segundos, eu estava pronto a recebê-la — Jack já havia me preparado para a fácil recepção desse conhecimento... E aqui está ele:

O FOCO DE 17 SEGUNDOS

Concentre-se num único pensamento durante 17 segundos — *sem oferecer nenhuma resistência* à compreensão de que esse pensamento é igual a 2 mil horas de ação física rumo à conquista de exatamente o mesmo resultado. Isso é que é contraste!

Qual dessas duas formas de trabalho você vai escolher? A antiga ética do trabalho árduo ou os 17 segundos de concentração? Isso é só o começo!

O FOCO DE 34 SEGUNDOS

Se você continua a manter sua mente concentrada nesse mesmo pensamento — depois de o incremento de 17 segundos ter terminado — e você atinge a marca de 34 segundos, você chegou a outro ponto de *"massa crítica"*. Agora os resultados são iguais a 20 mil horas de ação física rumo à conquista de exatamente o mesmo resultado! Mas nós ainda não terminamos.

O FOCO DE 51 SEGUNDOS

Esse mesmo pensamento focalizado deliberadamente no ponto de massa crítica dos 51 segundos equivale a 200 mil horas de ação física rumo à conquista de exatamente o mesmo resultado físico! E, por último,

O FOCO DE 68 SEGUNDOS

Esse mesmo pensamento focalizado deliberadamente no ponto de massa crítica dos 68 segundos é igual a 2 milhões de horas de ação física rumo à conquista do mesmo resultado físico!

O que você acha disso para cortar horas de trabalho físico? Você agora tem mais uma ferramenta extraordinária que pode usar para chamar a sua alma gêmea. Um último lembrete: *resistência* ou não *aceitação* é a proverbial *"mosca na sopa"!* Isso deve fazê-lo entender por que passei tanto tempo e dediquei tanta atenção neste livro para fazê-lo livrar-se de todas as suas resistências e elaborar uma atitude amplamente aberta para acolher o que vier!

Torne isso despreocupadamente divertido...

♥

Capítulo 38

Como Encontrar o Sr. Certo ou a Sra. Certa

Quanto tempo você já gastou na busca do que parecia ser o Sr. Certo ou a Sra. Certa? É provável que essa busca continue uma vez que você "amadureceu" para compreender que homens e mulheres são muito diferentes! Essa busca provavelmente está em andamento e terminará quando a sua alma gêmea, o Sr. Certo ou a Sra. Certa, responder ao tom oferecido por você e se "materializarem" diante dos seus olhos!

Esse será um dos mais memoráveis dias de toda a sua vida, tenho certeza. O Sr. Certo ou a Sra. Certa sonham com você tanto quanto você sonha com ele ou ela! A Sra. Certa e o Sr. Certo são simplesmente outros nomes mais convencionais para a sua alma gêmea.

Outros termos que talvez encontre na sua busca pela sua alma gêmea é *"Chamas Gêmeas"* ou até mesmo *"Alma Semelhante"* ou *"Cara-metade"*. E, no devido tempo, estou certo de que outros termos ou palavras serão inventados por alguém que esteja se referindo à sua alma gêmea.

Procurar o Sr. Certo ou a Sra. Certa é sair para uma busca excitante — uma aventura realmente grandiosa e arrebatadora se você estiver aberto para isso. Todos os meus livros sobre almas gêmeas apresentam diferentes ângulos de abordagem — muitos outros modos de induzir ou invocar a sua alma gêmea. Meu livro intitulado *Como Encontrar a Pessoa Certa para Amar** aborda a busca pela alma gêmea de outra perspectiva. Você talvez queira explorar essa outra avenida também.

O Sr. Certo e a Sra. Certa provavelmente estão tão ocupados quanto você — buscando por ele ou ela com tanta verve e gosto quanto você está se manifestando vibracionalmente. A alegria dele ou dela soará tão alta e arrebatadora quanto a sua em seu primeiro toque deliberado — e no caloroso reconhecimento recíproco através de olhares repletos de admiração. A missão de *encontrar* o *Sr. Certo* ou a *Sra. Certa* começou no momento em que você tocou neste livro e começou a virar e a devorar as páginas.

Ter consciência de uma alma gêmea é o primeiro passo. Era sabido pelos antigos há eras, e apenas há décadas pelos pensadores modernos, avançados ou mais iluminados, que *"Tudo o que pode ser concebido pode ser conquistado!"* Meu primeiro objetivo em nosso encontro mental foi ajudá-lo e dar-lhe conhecimento intuitivo ou visão do fato ou realidade de que não só almas gêmeas existem — mas que existe uma que é exatamente a que você quer! Siga as dicas e use os conhecimentos que encontrou neste livro e o Sr. Certo ou a Sra. Certa logo estará saudando você com um sorriso que iluminará ao mesmo tempo o aposento e o seu coração! *Que assim seja...*

---

* Publicado pela Editora Pensamento, São Paulo, 2000.

Capítulo 39

Transforme a Sua Nota Num Som de Alegria

A maior e mais poderosa nota que qualquer alma humana ou espírito em forma humana pode fazer soar é a nota da ALEGRIA. Existe uma boa e sólida razão científica para isso. Quando a luz rompe o nosso mundo tridimensional, o primeiro e mais alto tom que soa é a nota da alegria! Essa nota fica baixa quando a própria luz passa a se movimentar cada vez mais devagar até literalmente formar ou modelar ondas de luz, as conhecidas ondas/partículas ou o mundo físico *básico* que conhecemos e que nos engloba tão amplamente. A *alegria* é a nota pura da sua *alma*, tal como a bem-aventurança é a nota do seu *espírito* interior divino e a *felicidade* é a nota ou tom mais elevado que o seu cérebro físico pode induzir quando a sensação do corpo atinge a velocidade vibracional máxima.

Não há necessidade de você procurar e atingir um tom perpétuo de *bem-aventurança*, pois esse estado está na verdade em um nível de evolução além do nosso estágio humano. Somente os grandes buscadores e conhecedores que atingiram total autodomínio do corpo humano estão num estado constante de bem-aventurança arrebatadora.

Em algum estágio do "jogo" que jogamos na Terra chegaremos a esse estado — esse será nosso próximo foco ou a ele daremos total atenção.

O que buscamos aqui é estabelecer esse tom elevado que sua alma gêmea reconhecerá alegremente e ao qual responderá com grande força e prazer!

Outro fator-chave para entender isso é que você só pode acessar ou tocar essa elevada vibração de alegria por meio do centro do seu coração etérico — *perto de onde mora a sua alma!* Isto acontece porque, neste ponto da sua evolução, esse centro etérico humano é o mais receptivo ponto de entrada para a alegria aumentar ou fluir através de cada átomo, molécula, célula, órgão... todo o corpo.

A alegria, como você já descobriu (bem como a felicidade), nunca pode ser obtida de outra pessoa ou de qualquer coisa *exterior* ao ser humano. Isso não seria possível mesmo. Ninguém pode *sentir* por você! Só você pode sentir a sua felicidade, a sua alegria ou a sua bem-aventurança! Assim sendo, não existe nenhuma chance de captar nenhum desses preciosos prazeres sensuais por meio de outra pessoa — *nem mesmo de uma alma gêmea!* Se você tem prática em descobrir e cultivar a alegria — por certo irradiará e sentirá alegria quando sua alma gêmea chegar!

Você pode realmente usar a postura simples de meditação que lhe é oferecida neste livro para gerar alegria à vontade. Quanto mais deliberadamente (eis aí outra vez essa palavra) gerar alegria — tanto mais você poderá irradiá-la para sua alma gêmea ou para qualquer pessoa suficientemente afortunada para desfrutar dela!

Através da meditação você leva a si mesmo para aquele espaço interior tão tranqüilo previamente abastecido com a auto-sugestão ou "semente" de que, assim que chegar lá, você conscientemente se concentrará em manifestar o sentimento de alegria através da proximidade do seu coração. Quanto mais você fizer isso, tanto maior esse rio de alegria fluirá através de você e tanto mais radiante você tornará todos o que estiverem ao seu redor.

Sempre que o seu sentimento de alegria estiver soando mais forte, ele alcançará sua alma gêmea e lhe dará uma rápida transfusão. Se a alegria não for notada pela sua alma gêmea ao primeiro contato — ela será uma dádiva que se estabelecerá no seu campo áurico, de onde poderá se irradiar e apoiar sua alma gêmea sempre que ela precisar. Isto, como você sabe, é um *"fluxo de mão dupla"*, portanto seu repentino impulso de alegria pode vir; *você sabe de quem.*

Enquanto isso, crie sua própria reserva de alegria, de tal forma que sempre a tenha em quantidade suficiente para compartilhar com todas as pessoas que passam pelo seu fluxo diário de vida... Toque o centro do seu coração sempre que pensar nisso.

Faça da sua nota um som de alegria!

♥

Capítulo 40

O que É Bom

Você chegou a um ponto da vida em que precisa saber *o que é bom* — e o que não é! De certo modo é como a questão de saber onde você estará daqui a um mês, um ano ou cinco anos. Poucos indivíduos planejam o que querem do futuro. Em vez disso eles optam por esperar que a sorte os favoreça com um bom destino.

Você realmente quer sua alma gêmea de mãos dadas com você, sonhando seus sonhos daqui a um mês — ou antes? Esse pensamento lhe parece bom?

Você estará pronto para receber uma alma gêmea na sua vida daqui a um mês ou antes? Você *sente* que estará pronto para ele ou ela em tão pouco tempo?

Você estará pronto para sua alma gêmea daqui a seis meses? Isso lhe parece melhor ou pior? O que me diz de sua alma gêmea entrar no fluxo da sua vida daqui a um ano? Que tal lhe parece isso? Isso lhe dará mais tempo para se preparar para ele ou ela? Ou você quer que sua alma gêmea entre na sua vida exatamente agora — dentro de poucos minutos — ou dentro de uma hora? O que lhe *parece bom*?

É por isso que eu encorajo você a continuamente aprender a seguir sua orientação interior sobre *o que é bom*. Se lhe parece bom, é o que você quer conseguir...

Esta é uma idéia muito revolucionária para a maioria das pessoas, uma vez que todos nós fomos pesadamente condicionados pela *consciência social* de que temos de cumprir o nosso dever, fazer a coisa certa, não importa o que aconteça etc., etc. — como se fazer a coisa *certa* e ser obedientes (a nós mesmos, naturalmente) pudesse, em algum momento, ser difícil e doloroso. E se alguém está se sentindo bem demais, torna-se suspeito — e imediatamente alguém vai querer chamá-lo de "bobo alegre" e impedir, esse indivíduo ou grupo, de se divertir demais! Que tristeza para eles — mas que maravilha para você — quando se sente realmente bem!

Parte desse sentimento surge do pensamento de que, se você faz algum tipo de negócio, uma parte dos envolvidos na transação pode sentir-se bem, mas a outra certamente sairá perdendo e, portanto, não deve sentir-se bem. Isso se aplica a qualquer tipo de relacionamento ou interação humana — incluindo relacionamentos amorosos...

No entanto, quando você age a partir da sua alma como faz um deus ou uma deusa, seu modo de agir *permite* que a outra parte se sinta tão bem quanto você. *E ponto final!* Sendo uma deusa ou um deus sob a "máscara" dessa personalidade, todo outro ser humano tem a mesma opção de se sentir bem ou não. A questão é: faz bem a você lembrar-se das boas coisas de um relacionamento de amor perdido — ou você vai se sentir melhor pensando e sentindo que *"ele ou ela realmente aprontou comigo!"* Representar o *"papel de vítima"* causa uma sensação melhor ou pior? A escolha é sua — *o que é bom para você?*

Se o seu pai morrer de uma longa e dolorosa doença — o que o faz sentir-se bem: lembrar-se do seu pai em agonia nos últimos meses ou anos de vida ou lembrar-se de todas as coisas boas que vocês compartilharam?

Se você se queixar dizendo: "Mas ele realmente fez isso comigo — foi um inferno!" ou *"Mas meu pai sofreu tanto nos últimos anos da vida dele!"*, então você não entendeu nada. *O que é bom para você?*

Se você cultivar o hábito de seguir deliberadamente só *o que é bom*, isso pode abalar o seu mundo durante algum tempo; mas quando o fogo e a fumaça desaparecerem, o novo mundo em que estará vivendo, sentindo-se bem durante todo o tempo, será mais maravilhoso do que eu posso descrever com palavras!

Sim, trata-se de uma *mudança*. Sem mudança, a vida cessaria! Sem mudança, a vida poderia ficar tão aborrecida que talvez você preferisse estar morto. Sentir-se bem durante todo o tempo não só mudará para melhor o seu mundo, mas também mudará o mundo de quase todas as pessoas a sua volta!

Outra coisa que impedirá você de se sentir mal é parar de ver as coisas ou a realidade *do jeito que ela é* — como se tudo fosse feito de concreto! Nunca veja as coisas *como elas são* — mas *como elas serão!*

O que você vê é o que o universo refletirá de volta ou repetirá para você dia após dia. É isso que você quer — outra dose de "dura realidade"? Se você se sentir bem — SIM — continue investindo nisso enquanto expande a realidade positiva. Se não, por que dar-lhe mais um minuto da sua atenção?

O que é bom para você?

Mantenha os sensores interiores ligados para você agora, em todo *bom* momento, hora e dia e nos anos *bons* da sua vida e você receberá todo tipo de coisas boas, inclusive um sonho realizado — a sua alma gêmea!

Isso é bom para você?

Capítulo 41

Fortaleça-se!

O *autofortalecimento* fará mais para mudar a civilização humana do que qualquer outro aspecto isolado da vida humana. Isso fará mais pela humanidade do que a revolução industrial ou as surpreendentes revoluções das comunicações e dos transportes! Nossa família humana na Terra atravessou horizontes incríveis. Agora descansamos num planalto elevado onde até mesmo a *imortalidade* humana ou a *juventude eterna* parecem possíveis ou, ao menos, prováveis — dependendo, naturalmente, de quem estiver pensando!

O que você acha? Ou, melhor ainda — o que você *sente*? Qual dos seus pensamentos lhe parece melhor?

O caminho mais rápido para o autofortalecimento individual em massa é o conhecimento e o fato de que cada um de nós é *parte* de um enorme *todo* que nos cerca e nos mantém. Ou que o Criador criou você e eu *do* seu próprio *Ser do Criador*. Novamente — isso aponta para o *fato* de cada um de nós, sem exceção, ter sido feito a partir do Ser do Criador — portanto, somos necessariamente uma parte desse Criador.

Ao mesmo tempo, aqui na Terra nossos cientistas de vanguarda sabem, a partir de suas experiências, que o que nós conhecemos como *"realidade"* é simplesmente um *holograma*. E um holograma é feito de luz! O *todo* do qual cada um de nós é uma *parte* é luz. Continue com essa linha de raciocínio...

Todas as principais religiões do mundo interior e os profundos Mestres professores que as encontraram proclamaram não somente que *"Deus é amor"*, mas que "Deus é *luz"*, e que "Deus é *poder"!*

Se for verdade — como cientistas experimentados proclamam — que qualquer holograma partido em pedaços é uma duplicata exata de todo o holograma — então cada *parte* (você e eu) tem igual acesso ao que o holograma inteiro (ou Deus) tem *dentro Dele!* Somos, portanto, todos *deusas* e *deuses* em encarnação humana!

Você é capaz de perceber como esse pensamento o fortalece?

Meu próprio fortalecimento começou a se formar e a crescer quando esta maravilhosa revelação entrou no fluxo da minha vida consciente! Portanto, aqui também eu sei — por experiência própria — o enorme bem que o autofortalecimento traz a cada um de nós e ao nosso *"coletivo"* humano.

Reis, sacerdotes ignorantes e tiranos ou manipuladores do estágio humano do mundo vêm mantendo, intencionalmente, há eras, o autofortalecimento inacessível aos indivíduos e às massas. Como você pode controlar um escravo ou alguém sob qualquer tipo de jurisdição se ele tiver força pessoal?

Você não pode!

Na área política, um verdadeiro estadista, homem ou mulher, trabalhará pelo autofortalecimento dos cidadãos — enquanto um *"político"* não o fará.

Na arena ou no combate por almas humanas chamados de grandes religiões — o elemento de fanatismo e de tirania das várias seitas trabalhará para impedir seus *"cordeiros inocentes"* de aprender algo sobre autofortalecimento — ao passo que aqueles que trabalham diligentemente para o meu e o seu autofortalecimento são castigados, afastados e lançados para fora da igreja! *Annalee Skarin*, que *ascendeu* em seu corpo físico — é um exemplo clássico desse fato. Leia o livro dela sobre autofortalecimento — Y*e Are Gods*, publicado pela DeVorss & Company, EUA — escrito antes da sua bem-documentada ascensão física ocorrida pouco depois da publicação de seu livro. Inclua Annalee Skarin nos seus *"mecanismos de busca"* quando estiver na Internet — e, se quiser, imprima alguns dados a respeito...

Annalee é autora de sete outros livros sobre ascensão, que contam como ela fez isso e *como você pode fazê-lo*. Ela ensinou ao marido, um policial de Nova York, a fazê-lo em seis meses — e como qualquer pessoa que optar por isso pode encontrar a imortalidade do corpo *"E depois disso ir e vir invisível como o vento como bem lhe aprouver!"*

Annalee foi excomungada pela sua igreja por compartilhar esses dados sobre fortalecimento pessoal com as massas — uma atitude típica — pois como se pode controlar os seguidores cegos se eles de repente obtiverem força pessoal? Quem precisa liderá-los ou dar-lhes poder quando eles podem fazê-lo por si mesmos?

O conhecimento do fortalecimento pessoal, como é ensinado por *Annalee Skarin, Sai Baba, Jesus, Buda, Maomé, Krishna,* o *Cordeiro,* e por *muitos outros* no estágio atual da Terra, transmutará e transformará toda a humanidade — mais depressa do que você pensa — graças aos modernos meios de comunicação, em especial a Internet!

Fortalecer-se pessoalmente significa seguir a deusa ou deus (bem) dentro de você — e seguir sempre o que é bom para você de forma coerente e com persistência. Quando *conquista a sua força*, você nunca é uma vítima! O fortalecimento pessoal é essencial para atrair a sua alma gêmea até você — no período de tempo que lhe parecer melhor...

Capítulo 42

Deixe que o Universo Orquestre o Seu Contato com a Alma Gêmea

Agora que você sabe com clareza e com detalhes o que quer encontrar na sua alma gêmea, deixe que o universo vibracional entre em ação! Nossas mentes humanas têm sido demasiado deformadas por estritos pensamentos de preto e branco, de isto ou aquilo — imaginando que conhecemos os únicos meios de provocar nosso encontro com a alma gêmea.

No meu livro *11 Easy Steps to Success* (antes $UCCE$$ FORMULA) também apresentei um capítulo inteiro sobre esse mesmo assunto, intitulado *"Let Nature Do It"*. Quando escrevi esse livro eu não tinha conhecimento do *"aspecto vibracional"* do nosso universo. No entanto, eu sabia que a *"natureza"* conhece modos de me realizar ou aos outros com mais sucesso do que eu!

Agora eu conheço a base científica que explica por que a natureza ou o colossal universo vibracional que envolve a nossa Terra e todos os reinos de vida sobre ela funciona! Tendo compartilhado esses conhecimentos com você neste livro, você também pode entender por que é tão importante deixar que o universo entre em ação. Nós vivemos num mundo vibracional.

O universo vibracional pode se arranjar e se arranjará *para se acomodar à imagem que você tem da realidade!* Você pode comparar o nosso universo a uma gigantesca máquina copiadora xerox... O trabalho dele é oferecer uma imagem tão clara quanto possível do que ele quer impresso no seu fluxo de vida nos próximos ciclos rítmicos do seu futuro e o universo vibracional faz uma cópia clara e a envia para você em algum lugar — na hora e no lugar certos em seus futuros ciclos de vida humana em desenvolvimento —, horas, dias, semanas, meses ou anos à frente...

Por que desperdiçar um único momento sequer tentando descobrir como a sua alma gêmea irá de onde ele ou ela está para onde você está — ou vice-versa? *Deixe que o universo orquestre o seu contato com a alma gêmea.*

Será divino!

♥

Capítulo 43

A Idade da Alma Gêmea

Estamos olhando para uma Terra que está se transformando numa dimensão vibracional mais elevada. A *Idade da Luz* ou da iluminação começou há cerca de um século, quando cada vez mais grandes almas se encarnaram em forma humana e a iniciaram. Quando *Thomas Edison* inventou a lâmpada, ele criou o símbolo externo de um acontecimento eterno de grandes proporções.

Hoje temos, por todo o globo, uma intensa quantidade de luz — dia e noite, 24 horas por dia! As noites escuras do passado nas pequenas aldeias e nas grandes cidades se foram. As noites ficam brilhantes de luz — símbolo da raça humana — à medida que cada vez mais pessoas iluminadas *"acendem"*, a luz interior dos outros — aqui e ali — com ímpeto e velocidade cada vez maiores.

Estes são tempos maravilhosos — pois quanto mais luz é lançada para todas as áreas ou avenidas da interação humana mais ações desabonadoras são descobertas e divulgadas para o mundo inteiro.

No devido tempo, todos esses aglomerados de luz física e mental formarão massas brilhantes cada vez maiores. Nesse processo, a escuridão ou as más ações da humanidade não poderão mais ser escondidas, pois a luz crescente logo será derramada sobre cada um e cada coisa!

Em algum ponto, todas elas se fundirão numa bela estrela brilhante como a Terra — assim que o nascimento da Terra como uma estrela se tornar realidade radiante — e isso acontecerá muito mais depressa do que você imagina!

A raça humana está literalmente se movendo através de outro escalão mais elevado nos ciclos de evolução da consciência. Assim como os homens e as mulheres primitivos lentamente se juntaram para formar grupos rudimentares e pequenos vilarejos — seguidos de vilas cidades e nações... uma forma muito maior de *"consciência grupal"* agora está evoluindo na Terra. Logo mais, as fronteiras nacionais deixarão de existir e toda a humanidade se fundirá numa imensa civilização incrivelmente adiantada e altamente espiritualizada.

Essa fusão de consciências humanas é literalmente liderada pela *Idade da Alma Gêmea* — que começou com meu primeiro *bestseller* sobre o assunto, publicado em 1971, nos Estados Unidos, *Como Encontrar Sua Alma Gêmea*. Esse livro atualmente está esgotado em inglês — mas pode ser encontrado em oito das principais línguas do mundo.

Centenas de outros autores seguiram esse caminho e hoje há livros sobre almas gêmeas espalhados por todo o mundo — e é provável que a cada dia se publique mais um. Esse movimento crescerá à medida que cada vez mais almas humanas entenderem que este é um universo vibracional e que elas podem vibrar em amorosa harmonia com suas almas gêmeas, se essa for a sua escolha divina! Os precursores dessa grande fusão planetária da consciência humana são as almas gêmeas, pois este é o começo dessa fusão em que dois se tornam um... Esse *"eu"* e *"eu"* tornam-se num *"nós"* sagrado! Duas almas humanas fundem-se no ponto único de fusão da visão divinamente compartilhada, sobre o qual toda a Terra está aprendendo, e convertendo-se em luz harmoniosa e relacionamentos de amor incondicional mútuos.

As almas gêmeas são as pioneiras nesse movimento — assim você e sua alma gêmea formarão os primeiros elos de uma irmandade humana de luz e amor sobre esta nossa Terra sagrada!

Você e sua brilhante alma gêmea serão *guias do caminho* para as grandes hostes que seguem. Sejam abençoados os seus esforços para ligar-se o quanto antes à sua amada alma gêmea! Por favor, conte-me sobre seu progresso — e eu o ajudarei a conquistar a sua meta de todos os modos que puder. Meus endereços para *contato* serão apresentados a você no *Apêndice* deste livro.

♥

Capítulo 44

O Próximo Passo Lógico — Uma Alma Gêmea Parece Tão Familiar

Se você está sentindo agora mesmo que ver a sua alma gêmea entrar na sua vida nos próximos minutos será um acontecimento surpreendente, espetacular, e que lhe causará um abalo... *é pouco provável que isso aconteça!*

Não há razão para alarme! A questão que você, eu espero, entenderá completamente antes de terminar este capítulo é que isso não funciona dessa maneira...

Quando, ao contrário, você se sentir muito familiarizado com tudo o que diz respeito da sua alma gêmea através de visualização e contato mental com ele ou ela, e *lhe parecer que o próximo passo lógico é o seu aparecimento,* então a sua alma gêmea — tão familiar e longamente esperada — surgirá de algum lugar e entrará na sua vida!

Este princípio vibracional universal aplica-se a tudo o que você deseja intensamente. E ele só acontece quando *lhe parece e é* o próximo passo lógico na criação! Então acontece.

Se lhe parecer um acontecimento impossível ou uma ocorrência extraordinária que acontecerá em breve, *não conte com isso!* Você só pode considerá-lo um *"fato consumado"* quando lhe parecer que se trata do próximo passo lógico...

Se você tiver dado todos os outros passos fielmente e com grande zelo e muito fervor — e tiver se ligado à sua alma gêmea mental e emocionalmente várias vezes no plano intelectual, ou até mesmo tiver compartilhado com ela os seus sonhos depois de adormecer — o próximo passo lógico é a sua alma gêmea aparecer! Veja *Como Encontrar Sua Alma Gêmea.** Parte da dinâmica desse acontecimento é que você precisa *sentir* que se trata do próximo passo lógico — como se ele ou ela estivesse apenas além do horizonte, podendo estar em breve na sua presença.

Assim sendo — *em resumo* — fique tão familiarizado quanto puder com sua alma gêmea. Leve-a com você na sua imaginação até seus lugares prediletos ou mais enaltecedores da Terra ou da sua cidade. Estabeleça uma calorosa e confiante familiaridade com o que será o seu sentimento quando ele ou ela estiver passeando com você, falando com você, saindo para jantar com você na casa de um amigo etc., etc. Sinta uma fé, uma certeza e tranqüilidade a respeito — e você saberá exatamente quando acontecerá *o próximo passo lógico* para o aparecimento de sua alma gêmea... *E conte-me a respeito... por favor!*

Que assim seja...

♥

---

* Publicado pela Editora Pensamento, São Paulo, 1995.

Apêndice

Sr. Alma Gêmea (Mr. Soulmate)

Endereço do autor

Michael encoraja os leitores dos seus livros a escrever se tiverem quaisquer perguntas ou desejarem fazer comentários depois de ler qualquer um dos seus livros...

Por favor, comunique-se apenas em língua inglesa!

Russ Michael
P.O. Box 654
Virginia Beach, VA 23451   USA

Normalmente, um ou outro dos seguintes endereços eletrônicos estará funcionando. Seja esperto e envie sua mensagem para os dois:

Mr.Soulmate@Juno.com
Mr.Soulmate@aol.com

Michael é também um dos fundadores de dois sites de compras na Internet, onde seus livros estão à venda, e convida os "surfistas" para fazer-lhe uma visita.

www.soulmatemall.com
www.discountmallworldwide.com

Bibliografia

OUTRAS FONTES TRANSMISSORAS DE GRANDE CONHECIMENTO

THE PHILLIP MATERIAL, *Celebration of Self*, P.O. Box 65870. Tucson, AZ; (520) 577-8635, *Joyriding the Universe*, livro e jornal e centenas de fitas de áudio tremendamente informativas.

THE SETH MATERIAL, de Jane Roberts.

LIGHT SPEED (jornal gratuito), Earth Mission Publishing, P. O. Box 950 # 0432 Kihei, HI 96753; 808-874-5653. Muitas fitas de áudio, fitas de vídeo, livros e seminários.

Livros de ALICE BAILEY, Lucis Trust, Nova York, Londres.

A TREATISE ON COSMIC FIRE, Alice A. Bailey, Lucis Trust, Nova York, Londres.

A DOUTRINA SECRETA, Madame Blavatsky [publicado pela Editora Pensamento, São Paulo, 1980.]

ÍSIS SEM VÉU, Madame Blavatsky [publicado pela Editora Pensamento, São Paulo, 1990.]

RAMTHA, de Ramtha, Sovereignty, Inc., Box 926, Eastsound, WA 98245.

THE STARSEED TRANSMISSIONS, Ken Carey, Uni*Sun, P. O. Box 25421 Kansas City, MO 64119. [*Transmissões da Estrela-Semente*, publicado pela Editora Cultrix, São Paulo, 1988.]

VISION, Ken Carey, Uni*Sun, P. O. Box 25421, Kansas City, MO 64119. [*Visão*, publicado pela Editora Cultrix, São Paulo, 1988.]

UNIVERSAL TRUTHS, Wayne e Wanda Cook, P. O. Box 2449, Prescott, AZ 86302; 602-778-5039.

THE SECRET OF LIGHT, Walter Russell, W. R. Foundation, Swannanoah, Waynesboro, VA.

FAR JOURNEYS, Robert Monroe, Doubleday.

2150 A. D., Thea Alexander, Macro Society, P. O. Box 26582, Tempe, AZ 85282; 602-991-2229.

AUTOBIOGRAPHY OF A YOGI, de Yogananda, Self-Realization Fellowship, 3880 San Rafael Avenue, Los Angeles, CA 90065.

LIVROS DE EDGAR CAYCE, por vários autores e editores, bem como pela Association for Research and Enlightment, Virginia Beach, VA 23451.

MYSTERIES, ANCIENT & MODERN, Sai Grafio, Sterling Publishers, Índia.

PSYCHIC POWER & SOUL CONSCIOUSNESS, Korra Deaver, Ph.D., Hunter House, Alameda, CA.